JN439918

그 따뜻한 손

그 따뜻한 손

초판 1쇄 인쇄 | 2020년 02월 15일

지은이 | 윤금숙

펴낸이 | 이승훈

펴낸곳 | 해드림출판사

주 소 | 서울 영등포구 경인로82길 3-4(문래동1가 39)
센터플러스빌딩 1004호(우편07371)

전 화 | 02-2612-5552

팩 스 | 02-2688-5568

E-mail | jlee5059@hanmail.net

등록번호 제2013-000076

등록일자 2008년 9월 29일

ISBN 979-11-5634-389-9

표지 그림 : 故 정희숙 작 〈언니에게 보내는 그림 편지〉

화가인 동생이 1972년 크리스마스에 직접 그려서 보내준 카드의 한 부분이다. 1971년에 3살, 1살 된 아이 둘을 데리고 남편과 이민을 와서, 새로운 현실에 적응하느라 고생하며 외로움을 겪던 내게 큰 위로가 되었던 그림이다. 동생은 1977년 29세의 젊은 나이에 안타깝게 세상을 떠났다. 그래서 이 작고 소박한 그림이 내게는 소중한 사랑의 흔적으로 남아 있다.

누군가의 손을 계속 붙잡아 주고 싶고
또 그렇게 하려고 합니다

윤금숙 수필집

그 따뜻한 손

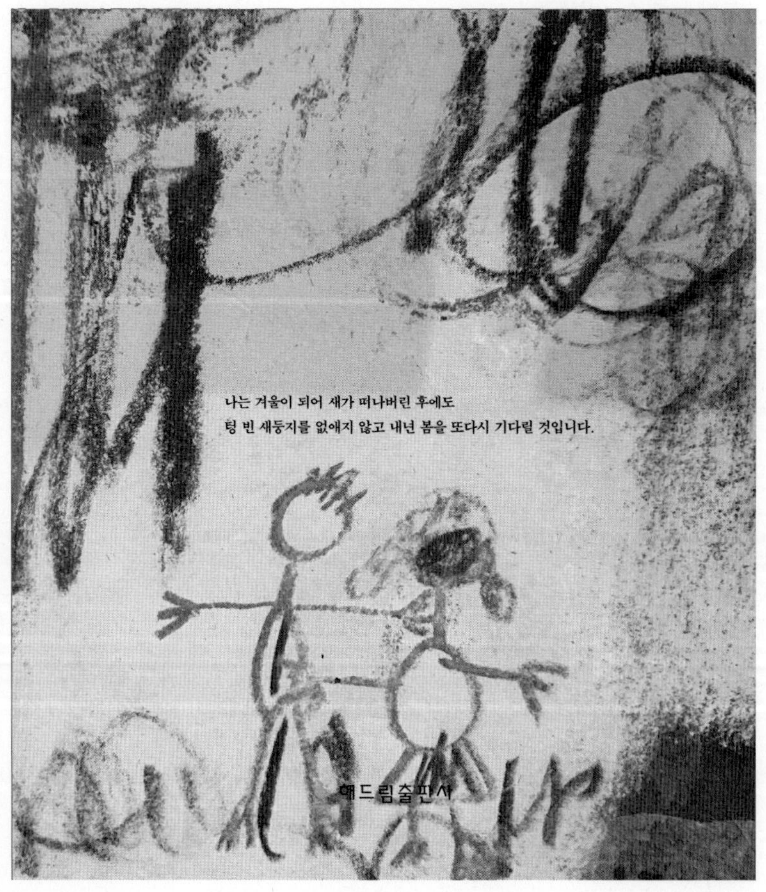

여는 글

하늘에 소망을 두는 글을 썼으면……

소설집 『먼 데서 온 편지』를 2017년에 출간했습니다. 그리고 어느덧 3년이란 세월이 훌쩍 지나버렸습니다.

그동안 크게 한 일은 없었지만 그래도 건강해서 열심히 교회 시니어 칼리지 〈문학교실〉을 6년째 가르치고 있다는 것이 감사하고, 2013년부터 하던 푸드 뱅크 봉사 활동도 여전히 하고 있으니 나는 큰 복을 받았다는 생각이 듭니다.

나이 들었다고 포기하지 않고 할 수 있을 때까지 하려고 오늘도 기도드립니다.

"할머니는 지금 나이에도 바쁘게 활동하고, 도전해보

고 싶은 게 너무 많으니…….”

딸이 애들한테 하는 이야기를 들었습니다. 그래서 나는 갈수록 힘이 나고 용기가 생기는 것 같습니다.

오래전부터 수필을 써왔었습니다. 수필을 읽는 주위 독자들이 수필에 스토리가 있다며 소설을 써보라 해서 소설도 쓰고 있습니다. 한 우물을 파야 물이 나올 텐데 두 가지를 다 하다 보니 수필도 소설도 제대로 쓰지 못하는 거 아닌가 하는 생각이 들기도 합니다.

모아놓기만 했던 수필을 정리했습니다. 글이 너무 오래된 것도 있고 요즘 쓴 수필도 몇 편 있어서 올봄에 수필집을 시집처럼 예쁘게 내려고 마음을 먹었습니다.

수필집 제목은 고민 없이 단번에 『그 따뜻한 손』이라고 했습니다. 수필가인 후배가 듣자마자 “어마! 너무 좋아요!” 그래서 더 좋습니다.

얼마 전 병문안을 하러 갔는데, 젊은 청년이 알코올 중독으로 뼈만 남은 채 침대에 누워 있었어요. 나도 모르는 사이에 그의 손을 감싸 쥐고 얼굴을 묻고 울면서 기도를 드렸습니다. 눈도 못 뜨는 상태에서 손이 꼼틀 꼼틀 아이 손같이 움직였어요. 그 손이 그렇게 따뜻했습니다. 그래서 더 마음이 아팠습니다.

나는 누군가의 손을 계속 붙잡아 주고 싶고 또 그렇게 하려고 합니다.

병문안은 하나님이 내게 주신 특별한 은사인 것 같습니다. 그러기 위해서 저에게 고난도 주셨지요. 고난이 없이는 절실한 깨달음이 오지 않는 것 같습니다.

소설집 『먼 데서 온 편지』를 읽고, 드라마 작가인 나연숙 씨가 독후감과 함께 권고를 해주었습니다. 다음에 글을 쓸 때는 꼭 '하늘에 소망'을 두는 글을 썼으면 더 좋겠다고…… 감동이었습니다. 앞으로는 하늘에 소망을 두는 글을 쓰고, 사람 냄새나는 아름다운 글도 쓰도록 애써보려 합니다.

누군가 한 사람이라도 내 글을 읽고 마음이 따뜻해지고 위로가 되었으면 하는 마음으로 수필집을 낼 용기를 가졌습니다.

젊어서 세상을 떠난 화가였던 여동생의 그림으로 표

지를 장식하게 되어 감사하고, 미술사를 전공하고 있는 손녀의 그림과 애니메이션을 공부하고 있는 손자의 그림이 실리게 되어 의미가 더합니다.

동인지 『참 좋다』, 소설집 『먼 데서 온 편지』, 수필집 『그 따뜻한 손』 세 번째 책을 해드림출판사에 맡기게 된 인연이 아름답습니다. 이승훈 대표님께 감사를 드리며, 항상 격려하고 다그치는 장소현 선생님께 진심으로 감사를 드립니다.

2020년의 봄을 기다리는 마음으로

로스앤젤레스 포터 랜치에서

윤금숙

목차

2부 그래도 행복하네요

3부 보이지 않는 사랑의 끈

4부 내 생애의 봄날

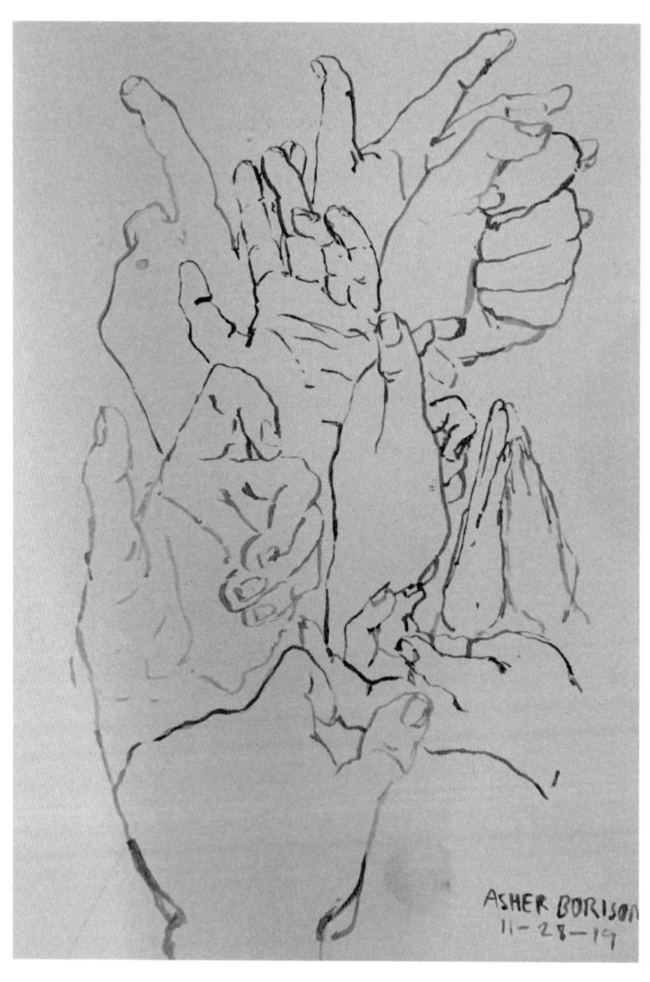

<따뜻한 손>
- 현재 로스앤젤레스 예술고등학교 재학 중인 손자 에셔(Asher)의 그림

1부

그리도 따뜻한 손

한국이 가깝지만 칠십 년 대 초만 해도 편지로 소식을 전했다. 하루 일을 끝내고 조용히 앉아 편지 쓰는 시간을 즐겼다. 하얀 종이를 앞에 놓고 있노라면 보고 싶은 얼굴들, 돌아가고 싶은 고국이 꿈속인 양 아른거려 향수에 젖곤 했다.

그리도 따뜻한 손

할머니는 갑자기 벤치에서 일어나 나를 향해 '고맙습니다.' 하며 인사를 예쁘게 했다. 할머니 앞으로 다가가 손을 잡았다. 할머니도 내 손을 덥석 잡았다. 그 손이 그리도 따뜻했다.

할머니를 만난 건 지난봄에 한국엘 다니러 갔을 때였다. 동생네는 여전히 서초구에 살고 있었고, 토요일 아침에는 동네장이 섰다. 40여 년이 넘게 엘에이에서 살고 있는 나는 한국의 재래식 장을 둘러보는 일이 즐거운 구경거리였다.

토요일 아침 일찍부터 시장바구니를 들고 이곳저곳 기웃거리다 보니 나도 모르는 사이에 보는 것마다 흥이 나고, 다 사고 싶어졌다. 짤막하고 통통한 두릅, 냉이, 취나물의 향기…… 봄의 향연이 한창이었다. 모든 물건들이 살아 있는 것처럼 싱싱했다.

길 건너, 꽃 트럭에서 막 내린 화분들이 즐비하게 줄지어 있는 모습은 꽃밭 같았다. 꽃 화분 뒤, 벤치에 보라색 원피스를 입은 할머니와 제부가 나란히 앉아 오누이처럼 오손도손 이야기를 나누고 있었다.

며칠 전에 제부가 말해준, 예쁘게 치매 걸린 할머니가 바로 이 분이라는 걸 금방 알 수 있었다.

제부는 화초를 좋아해서 토요일마다 장에 들러 꽃 화분을 사 오는 것이 취미였다. 갈 때마다 할머니가 벤치에 앉아 환하게 웃으며 제부를 반겼다. 조심스럽게 작은 꽃 화분을 하나 사드렸더니 '고맙습니다.' 하며 예쁘게 절을 하더란다.

그다음부터, 제부는 할머니가 눈에 밟혀 토요일 아침마다 할머니를 만나 꽃을 사드리고 자기 것도 샀다. 어느새, 그 일이 기쁨으로 다가왔다. 잊지 않고 자기를 기다린다는 말을 할 때, 제부의 표정은 설날을 기다리는 아이 같이 즐거워 보였다.

표현을 잘 하지 않는 제부인데, 할머니를 친누나 이상으로 살갑게 챙겼다. 아마도, 일찍 돌아가신 아버지 대신 동생들을 돌보느라 어머니한테 살갑게 대하지 못했던 일이 후회가 돼서 인 것 같기도 했다.

우울증으로 축 처져 있는 제부가 토요일이면 아침부터 옷을 깨끗하게 차려입고 장터를 서성댔다. 할머니가 좀 늦는 날은 미리 꽃을 사 들고 벤치에 앉아 기다렸다. 매번 꽃 화분을 들여오는 통에, 베란다에 더 이상 놓을 자리가 없게 됐다. 동생은 불평을 하며 시들은 꽃을 몰래 버리기에 바빴고, 제부는 사들이기에 바빴다.

"글쎄, 비 오는 날에도 할머니는…… 나를 기다린다니까요."

제부에게 할머니 이야기는 해도 해도 끝이 없이 즐거운 이야깃거리였다. 종일토록 텔레비전 앞에 앉아 있다가 까무룩 눈을 감아버리는 제부의 일상에서 할머니의 존재는 기다림의 대상이었다. 기다림이란 시든 화초가 물을 먹고 활짝 피어나는 생명수였다.

'할머니!' 하고 두 손을 감싸며 불렀다.

"이 오빠, 돈 많아. 꽃 사달라고 해!"

할머니는 옆에 있던 꽃 화분을 다시 무릎 위에 올려 놓고 내 손을 끌어 옆에 앉혔다. 틀니도 없는 입으로 활짝 웃으니 낮잠에서 막 깨어난 아기처럼 천진스럽게 예뻤다. 미인형 얼굴에 피부가 백옥 같아 까만 눈썹이 더 까맣게 보였다. 아담한 체구까지 꽃처럼 사랑스러웠다.

"이 오빠가 꽃 사줬어! 날마다 나한테 꽃 사줘! 멋쟁이야, 멋쟁이! 꽃 사달라고 해! 언니도. 빨리!"

꽃집 아줌마는 요구르트에 빨대를 끼어서 할머니 손에 쥐어드리며 말했다.

"할머니는 구십 이세인데, 평생 교편을 잡고 사시다가 은퇴를 해 아들네와 같이 살고 있대요. 근데요, 딸도 하나 있었는데 글쎄……."

나는 침을 꿀깍 삼키고 아줌마의 그 다음 말을 초조하게 기다렸다.

"그 딸이 몇 년 전에 교통사고로 세상을 떠났대요. 그 후부터 시름시름 치매가 들기 시작했다고 며느리가 얘기해 주더라고요."

숨도 쉬지 않고 말하는 그녀의 말에 나는 가슴이 철렁 내려앉았다.

“어마나! 어떡해? 딸이 몇 살 때 그랬대요?”

대답을 기다릴 사이도 없이 나는 할머니를 꼭 껴안았다.

할머니는 우리 어머니같이 나의 얼굴을 두 손으로 어루만지며 ‘예쁘기도 하지.’ 했다. 그 손이 그리도 따뜻했다.

기억 먼 곳에 있는, 먼저 떠난 딸을 생각하고 있는 듯……, 순간 가슴이 싸해졌다. 할머니 무릎 위에 놓여 있는 보라색 페튜니아가 눈에 들어오며 우리 어머니가 생각났다.

보라색 꽃을 무척이나 좋아했던 어머니도, 할머니같이 가슴에 자식을 묻고 한세상을 사셨다. 피난 때, 자식 하나도 잃지 않게 해주셨다고 감사기도를 눈물로 드리던 어머니에게 참척의 슬픔이 닥쳐왔었다.

스물아홉 살 나이에, 둘째 아이를 낳고 혈전증으로 다음 날 ‘내 몸이 하늘로 붕 떠! 나 죽으면 안 되는데……’ 하며 마지막 말을 남기고 떠난 딸.

화가였던 동생은 유난히도 꽃을 많이 그렸다. 정원에 이젤을 세워놓고 동백, 자목련을 그렸고, 굴뚝을 타고 올라가는 능소화도 그렸다. 가끔은 어머니가 백자에 검붉은 모란을 탐스럽게 꽂아 놓고 동생을 불렀다. 동생은 또 그 꽃을 핏빛이 금방이라도 묻어날 듯, 향기가 풍겨 나오듯 그렸다. 동생의 화풍은 어둡지만 깊고 따스했다.

우리 어머니는 새파란 나이의 딸을 졸지에 잃고 기절했었다. 소식을 듣고 미국에서 달려간 나를 보시더니, 죽은 딸이 살아 돌아온 듯 '어디 얼굴 좀 보자.' 하며 두 손으로 내 얼굴을 어루만지던 어머니의 손…… 그 손도 그렇게 따뜻하고 축축했었다.

그리도 따뜻했던 그 손이 그립다.

녹색 우편함

어느 날, 야드 세일에서 새집 모양의 녹색 우편함이 반짝하고 눈에 띄었다. 그 우편함의 지붕은 기와를 이은 듯 작은 나무 조각으로 어슷어슷 이어졌고, 아치형의 문에는 참새 한 마리가 손잡이를 대신하고 있어 운치가 있었다.

나무로 뭉툭하게 깎은 새를 찬찬히 보니 문득 까치가 아닌가 하는 생각이 들었다. 까치가 금방이라도 상큼한 아침 공기를 가르고 짹짹거릴 것만 같았다. 아침에 까치가 울면 그 집에 반가운 손이 온다는 속설이 아련하게 귓가에 맴돌았다.

야드 세일을 하는 할머니한테 우편함의 값을 물었다. 할머니는 값은 말하지 않고 우편함을 들어 무릎에 놓더니 강아지를 쓰다듬듯 애정 어린 눈으로 어루만지다, 아쉬운 듯 내게 내밀었다.

"세상 떠난 영감이 손수 만든 거유!"

말이 없던 할아버지는 그 안에 새가 있기라도 한 듯 날마다 새집 안을 들여다봤다. 혹시라도 집 나간 아들의 소식이 그 안에 있을 것만 같아서다. 그러나 새집 안은 언제나 빈 둥지뿐이었다고 할머니는 담담하게 말했다.

시선을 멀리 보내며 말하는 할머니의 표정에는 아들보다도 남편에 대한 쓸쓸한 연민이 배어 있었다. 할아버지가 세상을 떠나자 할머니는 그 우편함도 거둬들였다.

누구든지 마음에 들어 하는 사람이 나타나면 선물로 주려고 기다리고 있었단다. 얼굴도 모르는 할아버지이지만 어쩐지 돌아가신 친정아버지의 모습이 그 사연에서 묻어났다. 우편함에 금방 정이 갔다.

집에 오자마자 기존 우편함을 떼어내고 녹색 우편함으로 대치했다. 은은한 녹색은 한층 더 로맨틱한 분위기를 자아내어 왠지 좋은 소식이 올 것만 같았다.

이렇게 해서 그때부터 녹색 우편함과 나와의 인연이 시작되었다. 나는 하루에 한 번 이상 우편함을 열어 봤다. 우편함을 열어 볼 때의 기대감은 언제나 잔잔한 설렘으로 다가온다.

아마도 그 설렘은 지난날, 잠 못 이룬 밤에 쓴 누군가의 편지가 들어 있었을 때부터였던 것 같다. 그때는 우편함에 싱싱한 청춘과 파란 꿈이 들어 있었다. 오래 사귀었던 친구에게서 온 절교의 편지, 화해하자는 편지, 슬픈 소식, 기쁜 소식, 절망과 희망을 그 우편함은 내게 서슴없이 전달했었다.

청춘이 빛바랜 지금도 우편함을 열어볼 때는 젊은 날, 그때의 설렘이 스쳐지나간다. 아직도 추억의 끝자락을 놓지 못하고 있는 아쉬움이 있나 보다. 번번이 허전함을 안겨 줄 뿐인데도.

고국을 떠나 와 살게 되다 보니 자연히 우편함과 더 친하게 되었다. 아무래도 편지할 일이 더 많아졌기 때문이었다. 요즘이야 국제전화 통화료도 싸고 이메일, 카톡을 마음대로 이용하게 되니 여간 편리하지가 않다.

한국이 가깝지만 칠십 년 대 초만 해도 편지로 소식을 전했다. 하루 일을 끝내고 조용히 앉아 편지 쓰는 시간을 즐겼다. 하얀 종이를 앞에 놓고 있노라면 보고 싶은 얼굴들, 돌아가고 싶은 고국이 꿈속인 양 아른거려 향수에 젖곤 했다.

편지를 쓰는 일은 내 돌파구였고 화두였기에 나는 끊임없이 자정이 넘도록 편지를 썼었다. 일주일이 멀다고 어머니께 편지를 보냈고 동생들과 친구들에게도 보냈었다. 그러는 나에게 어머니는 '편지도 팔자로 잘 쓰는구나.'라고 아리송한 말씀을 하셨다. 고국을 방문했을 때 어머니의 머릿장 안에는 그 편지들이 다리미로 다린 듯 깨끗하게 잘 접어져 있었다.

그 많은 편지나 글들을 육필로 적다가, 드디어 몇 년 전부터 컴퓨터를 배워서 한글을 치기 시작했다. 나는 나 스스로가 대견스러워 한국에 있는 친구에게 컴퓨터로 편지를 쳐서 보내겠다고 말했다. 그 친구는 손사래가 눈에 보일 듯이 내 자랑스러움을 묵살해 버렸다.

"절대 컴퓨터로 쳐 보내지 말고 친필로 써서 보내! 알았지! 멀미난다."

드라마 작가이기에 항상 컴퓨터 앞에 앉아 있을 수밖에 없는 친구의 심정을 알 것 같다. 편지까지 사무적인 활자체로 받는다면 얼마나 생활이 건조할 것인가. 세상이 변해가도 역시 편지는 친필이 그 사람의 숨결과 마음 상태까지를 알아볼 수가 있어 더 정이 간다. 얼마나 오래 손편지를 쓸 수 있으려나…….

그래서인지 친구는 언제나 바쁜 중에도 친필로 편지를 써 보내 나를 더 기쁘게 했다. 편지를 뜯기 전에 먼저 그의 모습을 머릿속에 떠올린다. 나는 입안에 박하사탕을 굴리듯 그와의 지난 일들을 떠올려 달콤함에 젖어본다.

기다림의 순간을 즐기기 위해 편지를 뜯기 전에 차 한 잔을 끓인다. 설렘을 오래 음미라도 하듯 천천히 차를 마시며 편지를 뜯는다. 편지를 읽노라면 찻잔에 어느새 그와의 묵은 추억이 한 폭의 수채화로 아름답게 피어난다.

오늘도 혹시나 하고 우편함을 열어 광고지까지도 소중하게 가슴에 안고 들어왔다. 어떤 이는 광고를 공해라고 하지만 사람이 살고 있는 집이기에 보내온다고 생각하니 그것도 귀한 느낌이 들었다.

그러던 어느 날, 우편함을 열어볼 때마다 설렘이든 기다림이 현실로 다가왔다. 오래전에 받아보았던 길고 하얀 봉투가 낯설게 편지함에 들어 있었다. 빨갛고 파란 항공편 봉투가 아닌 재래식 긴 흰 봉투였다. 발신인의 이름과 주소가 달필 한문으로 쓰여 있었다. 전혀 기억에도 없는 이름이었다. 혹시 연서가 아닌가 싶어 가슴이 두근거렸다. 잔잔한 호수에 엷은 파문이 잠시 일었다.

지나간 얼굴들이 낡은 필름 속에서 빠르게 돌아갔다. 혹시 C일까, H일까? 아! 그들은 지금 다 어디에 있을까. 갑자기 외딴 섬에 나 혼자 와 있는 허전함이 밀려왔다.

편지의 윗부분을 가위로 정갈하게 잘랐다. 정성 들여 쓴 편지의 내용을 읽어 나갔다.

"외국에서 살면서 우리말로 글을 쓰고 있다니 너무 반가웠습니다. 앞으로 좋은 글을 많이 쓰기 바랍니다. ……"

한국에서 온 한 남자 독자의 편지였다. 내 생애에 남자 독자한테서 글을 받아본 것은 처음이었다. 그것도 내가 살고 있는 로스앤젤레스가 아니라 먼 한국에서 온 독자의 편지였으니. 혹시나 했던 연서(?)보다도 더 소중한 편지 내용이었다. 글을 써야 하나 말아야 하나, 자탄하고 있던 차에 그 독자의 글은 내게 큰 위로가 되었다.

그 편지가 담겨있던 녹색 우편함이 더 사랑스럽고 예전보다 더 따뜻하게 느껴졌다. 또 한 번 까치가 짹짹거려 주기를 바라며, 다시 꿈같은 기대를 녹색 우편함에 걸어 본다.

별을 접는 아이들

라일락 향기가 살며시 들어와 코끝을 싱그럽게 하는 오월의 어느 날, 나는 황순원의 단편소설 〈소나기〉를 토요 한국학교 학생들에게 가르치고 있었다.

소년의 가슴에는 연초록의 새싹이 소녀를 볼 때마다 하나둘씩 돋아나기 시작했다. 징검다리에 앉아 물장난을 치고 있는 소녀를 먼발치에서 보기만 해도 소년의 얼굴은 붉어지고 가슴은 두근거렸다. 그러는 자신이 바보 같기만 했다. 그리움인지 뭔지는 모르지만 매일 개울에 가서 소녀를 기다리곤 했다. 소녀 또한 소년과의 추억이 어린 스웨터를 입고 죽어갔다. 소년의 불룩한 주머니에는 미처 전하지 못한 호두가 주인을 잃은 채 소년의 따뜻한 손길 안에 슬프게 만져졌다.

아련한 내 추억의 한 자락에 숨어있는 감정을 가슴에 담고 나는 잠시 동심의 그리움에 젖어 있었다. 요즘처럼 쉽게 좋아했다 뜸 들일 틈도 없이 거둬가는 감정에 멀미가 나는 때라 특히 이 단편을 택해서 이야기해보고 싶었다.

장난꾸러기 창원이는 앞에 앉은 진호의 뒤통수를 할 일 없이 쥐어박고 있는데 진호는 마치 자기 머리가 아닌 양 내맡기고 천연스럽게 앉아 있다. 오른편 뒤쪽에서는 여학생들이 색종이로 무슨 장난들을 하고 있었다. 집중이 되지 않아 여러 번 주의를 주었는데도 여전했다. 수업 태도들이 천태만상이다.

초스피드 시대에 살고 있는 학생들이 이렇게 아름답고 서정적인 작품에 얼마나 공감을 할 수 있을까? 하지만 미국에서 태어나 십 년을 한국학교에 다니고 있는 모범생 여희는 알 듯 모를 듯한 엷은 미소 속에 영롱한 빛을 눈시울에 반짝이며 '선생님! 아름답고 슬픈 것 같아요.' 한다.

공부에는 시큰둥하지만 남자답고 리더십이 강한 태영이는 '까짓것 좋아한다고 말해버리지, 말도 못 해 봤는데 죽었잖아요. 에잇!' 자기 일인 양 씩씩대는 모습에서 따뜻한 인간미를 느꼈다. 제멋대로 떠드는 것 같았는데 그런대로 아름다운 이야기를 어느 정도 이해했다는 안도감이 든다.

학생들은 닷새 동안의 학교생활이 힘들어, 토요일 아침에는 늦잠도 자고 게으름도 피우고 싶을 것이다. 거의가 부모들의 뜻에 따라 한국학교에 오기 때문에 내 눈에는 공부를 잘하든 못하든 모두에게 특별한 관심이 간다.

사춘기를 맞은 학생들이라 나름대로 이중문화권에서 또 다른 힘든 일이 많을 것이다. 어느 학생은 선생님을 믿고 솔직하게 고민을 털어놓기도 한다. 그럴 때면 가슴 저려오는 아픔에 나 또한 그 아이의 마음이 되고, 웃음을 되찾은 환한 얼굴을 보노라면 내 가슴은 기쁨에 찬다.

유치반부터 십 년을 계속 다니는 학생들도 생각보다 제법 많다. 그런 학생들은 이민 2세인데도 한국어를 SAT 시험에 선택과목으로 택해서 좋은 성적을 내기에 나는 또 다른 보람을 느낀다.

유 월초에 졸업식이 있었다. 이 년 동안을 한 반에서 같이 지낸 학생들이라 정이 많이 들었다.

졸업식 날, 나는 아이들로부터 생각지도 않았던 선물을 받았다. 선물과 함께 헤어짐의 아쉬움을 가슴에 안고 집으로 와 두근거리는 마음으로 카드를 열었다. 감사하다는 말과 함께 끝에는 '선생님이 가장 좋아하는 학생들로부터.'라고 쓰여 있었다.

나도 모르는 사이에 눈앞이 뿌옇게 흐려져 왔다. 선물의 포장지까지도 정성을 들여 풀었다. 별 모양의 큰 유리병에 온갖 색종이로 접은 크고 작은 수많은 별들이 반짝거리며 웃고 있었다. 순간 나는 수업 시간마다 말썽이었던 색종이 접기가 바로 이 별이었다는 것을 직감했다. 졸업 날짜가 다가오니 수업 시간에도 병을 채우기 위해 별을 접었던 학생들의 아름다운 마음이 내 가슴을 찡하게 했다.

큰 별은 엄지손톱만 하고 작은 별은 애기손톱만 하다. 그렇게 작은 별을 접느라고 진희는 이마가 책상에 닿도록 숙이고 있었나 보다. 은색, 초록색, 금색, 온갖 화려한 색깔들이 한데 어우러져 눈을 부시게 한다. 천 마리의 종이학을 접는 마음으로 아이들은 이 별들을 접었을 것이다. 소원을 기원하며 선생님에 대한 사랑, 그리고 그들의 꿈과 희망을 별 속에 차곡차곡 접어 넣은 아이들의 마음에 가슴이 멍해졌다.

벽난로 선반 위에 조심스럽게 올려놓고 아침저녁으로 바라보며 그들의 꿈을 위해서 내가 해야 할 일이 무엇인가를 조용히 생각해본다. 아침에 일찍 일어나 들여다보면 별들은 밤새도록 무슨 말들을 그리 많이 소곤거렸는지 서로의 몸을 기댄 채 곤하게 자고 있다.

작가가 희망인 영주별은 그 얼굴 표정이 꿈속에서도 글을 쓰고 있는 것 같고, 진수별은 컴퓨터에 빠져 밤새 불을 밝히고 있었는지 단잠을 자고 있는 모습이다. 부지런한 진희의 별이 기지개를 켜는지 바스락거리는 소리가 들린다.

이렇게 별들은 꿈과 희망을 키우며 병아리가 부화하

듯 그들도 유리병을 깨고 밖으로 나올 때를 기다리고 있다.

창문 틈새로 스며든 한 줄기 빛에 반사된 별들은
저마다 영롱한 색깔을 자랑하며 살아 움직인다.
어둠이 서서히 깃들기 시작하면
별들은 하나둘 하늘 높이 떠오를 준비를 한다.
별똥별들 흔적도 없이 사라져간 하늘에
그들은 청옥으로 총총히 박혀
무수한 눈 깜박거리며 찬란하게 빛나고 있다.

나는 벅찬 가슴으로 유리병을 꼭 껴안고 밤하늘을 올려다보며 어느 한 별도 별똥별로 낙오되지 않고 초저녁부터 새벽까지 비춰주는 금성이 되기를 기원한다.

율촌 마을의 별

'별은 따뜻하고 환하다'

내가 좋아하는 배우식 시인의 시에 나오는 멋진 구절이다. 나는 율촌 마을에서 별 같은 사람을 만났다.

지난 사월 초에 로스앤젤레스를 떠나 서울에 갔다. 인천공항에 도착하자마자 향긋한 봄 냄새가 가슴을 설레게 했다. 이번에는 서울에서 머물기보다는 남해안 시골 쪽으로 여행을 가기로 예정을 잡았다. 그동안 시간에 쫓기듯이 살았던 미국 생활에서 훌쩍 벗어나 아무 생각도 없이 발 가는 대로 가보리라 마음을 먹고 떠난 한국행이었다.

친구들은 일일이 지도에 빨간 연필로 동그라미를 쳐서 그곳을 다 찍고 오라고 일러줬다. 길을 잃어버린들 어떠랴. 잘못 찾아간 그곳을 구경하면 되지. 말이 통하는 내 나라에서 어딘들 못 찾아가랴.

마음이 편안해졌다. 이런 느긋함을 느껴본 적이 언제였던가. 미국이란 객지에서는 항상 긴장하고 살았던 것 같다. 마음이 한껏 늘어지고 편안함이 봄볕처럼 따스하게 마음에 스며들었다.

남편과 나는 친구들이 가르쳐 준 율촌 황토모텔을 찾아가기로 했다. 여수 가는 길에 있다고 하니 순천에 들러서 구경을 하고 그곳으로 갈 계획을 세웠다.

버스는 10분마다 있었고, 주중이라서인지 텅텅 비어 있었다. 나는 협소공포증이 있어 비행기나 버스를 타도 언제나 통로 쪽으로 앉았다. 구경을 좋아하는 남편은 창가에 앉아 바깥 풍경을 하나도 놓치지 않겠다는 듯 완전히 목을 우향우로 돌려놓고 있었다. 나는 왼쪽의 풍경들을 주로 보면서 야산의 벚꽃, 진달래, 철쭉을 만끽하다가 혼자 보기 아까울 때만 남편의 옆구리를 꾹

찔렀다. 한데, 남편은 소풍 가는 아이처럼 수시로 내 어깨를 치며 바깥 산천을 손가락질하기에 바빴다.

순천에서 내려 이곳저곳을 구경하고 택시를 잡아 여수 가는 길에 있다는 율촌 황토모텔을 아느냐고 기사에게 물었다. 기사는 이만 원만 달라며 손님을 놓칠세라 잽싸게 운전석에서 뛰어내려 차 문을 열어줬다. 오늘은 운이 좋은 날이라 오랜만에 장거리를 뛰게 되었다며 휘파람을 불었다.

기사 아저씨는 자기 조카도 로스앤젤레스에 있는데, 그곳에 가보는 것이 꿈이라며 이것저것 궁금한 것을 신이 나서 물었다. 성격이 시원시원하고 상냥해서 기분이 좋았다.

여수 가서 돈 자랑하지 말고, 순천 가서 인물 자랑하지 말며, 벌교 가서 힘자랑하지 말라며 재미있는 이야기들을 해줬다. 기분 좋은 기사 아저씨 덕에 율촌 마을까지 금방 와버렸다.

어쩐지 좋은 일이 생길 것만 같은 예감이 들었다.

낯선 곳에서 남편과 나는 여인숙을 찾아 들었다. 카

운터가 아닌 작은 유리문을 옆으로 미니, 얼굴만 겨우 보였다. 그 창구에서 주인인 듯싶은 오십 대 초반쯤 되어 보이는 남자가 서울말로 인사를 했다.

오랜만에 보는 작은 유리 창구가 나를 옛 추억으로 빠져들게 했다. 동네 목욕탕을 가도 창구에서 돈을 받고 표를 주었고, 극장을 가도 그랬다. 고향에 온 듯 마음이 푸근해졌다.

"하루 숙박료가 삼만 원인데 방을 가보시고 마음에 들면 지불하십시오."

순식간에 달러로 계산이 되었다. 와! 무지 싸다 싶으니 방이 궁금했다. 혹시 너무 후진 것은 아닐까? 남편과 나는 열쇠를 받아서 방으로 들어갔다. 조촐한 황토방에는 황토 돌침대가 따끈따끈하게 데워져 있었다. 깨끗한 침대 속으로 얼른 팔다리를 펴니 온몸이 노곤했다. 그냥 그대로 아무 생각 없이 잠들고 싶었다.

한 이십여 분이 지났는데 누군가 방문을 똑똑 두드렸다. 나가보니 주인이 서 있었다.

"저기요. 짐을 다 가지고 나오세요."

남편과 나는 서로 마주 보고 어떻게 해야 하나 잠시

망설였다.

"제가 구경을 시켜 드리려고 하니 염려 마세요."

시계를 보니 오후 다섯 시가 조금 지나 있었다. 하기야, 지금부터 따끈한 침대에서 잠이 들면 분명 초저녁에 잠이 깰 것이고, 그러면 이곳에서는 아무런 구경도 할 것이 없다지 않은가.

우리는 주섬주섬 작은 손가방을 각자 챙겨서 주인을 따라나섰다. 밖에서 보니 그 주인은 키가 훤칠하고 인물 또한 깨끗한 인상에 귀티까지 나 보였다. 예의 바른 행동이 우리 마음을 안심시켰고 장삿속으로 하는 것 같지는 않았다.

그는 우리를 뒷자리에 앉히고 지금부터 여수 시내로 들어가 구경을 시켜드리겠다고 했다. 순간 관광 안내비를 어떻게 지불할 것인가, 겁도 나면서 한편으로는 달라는 대로 지불하면 되겠지 뭐 하며 편하게 생각하기로 했다.

동백꽃이 한창인 오동도에 전에는 배를 타고 가야 했는데 지금은 다리가 놓여 쉽게 걸어서 갈 수가 있었다. 돌산 역시 차로 다리를 건너서 올라갔더니 여수의 밤경

치가 절경이었다. 정박해 있는 배들을 보니 머나먼 베네치아에라도 온 것처럼 갑자기 '산타루치아…' 노래가 바리톤으로 귀에 들리는 것만 같았다.

저녁을 잘 대접해야 되겠다는 생각을 하고 있는데, 그가 이곳에서는 간장게장 백반을 먹어봐야 된다며 우리를 식당으로 안내했다. 자리에 앉자마자 주문도 받지 않았는데 아주머니가 열 가지가 넘는 반찬을 상에 늘어놨다.

두릅, 방게볶음, 돌산갓김치, 굴 무침에다 온갖 밑반찬이 즐비했다. 점심을 잘 먹었건만 다시 군침이 돌았다. 역시 간장게장은 꿀맛이었다. 간장에 밥을 비볐더니 한 그릇을 게 눈 감추듯 순식간에 뚝딱 해치웠다.

알고 봤더니, 그는 시카고에서 대학을 나왔고 십오년 동안 그곳에서 살았는데 부모님이 연로하셔서 귀국을 했다고 한다. 은퇴하면 아이들이 있는 시카고로 가서 살 거라고도 했다. 자기 모텔에 택시를 타고 온 사람은 우리 부부가 처음이라 난감한 생각이 들었고, 어쩐지 외국에서 온 느낌이 들어 안내를 해드려야겠다는 마음이 들었다고 했다. 아마도 우리 부부를 보니 본인의 부모님 생각이 났던 것 같았다.

우리는 서로 명함을 교환하고 다시 만나기를 바란다는 진심 어린 대화를 나누며 즐거운 식사를 나누었다. 그는 저녁 식사 값을 언제 냈는지, 식사비까지 신세를 졌으니 마음에 큰 부담이 되었다.

지금부터 향일암으로 모시겠다며 캄캄한 산길을 한 시간쯤 달렸다. 모텔을 바닷가에 잡아주더니 중간에 시장에서 샀다며 쑥버무리를 전해줬다. 아침에 커피에다 잡수시면, 점심때쯤 다시 와서 점심을 같이하자며 악수를 청했다.

"객지에서 이렇게 좋은 분을 만나 구경을 잘했는데 어떻게 보답을 해야 좋을지…… 약소하지만……."

남편은 미리 준비한 사례금을 슬그머니 내밀었다.

"그러지 마세요. 제가 대접해드리고 싶었습니다. 저, 돈 좀 있습니다. 그러시면 제 성의를 무시하시는 겁니다."

그는 정중하게 안녕히 주무시라며 떠났다. 모텔 주인은 방을 안내하며 모텔비 사만 원을 그가 냈다고 말했다. 남편과 나는 너무나 놀라 서로 바라보기만 했다.

'별은 따뜻하고 환하다'

별보다 더 따뜻한 그의 마음, 율촌 마을의 별이 그동안 잃어버렸던 삶의 길을 환히 비춰줬다. 율촌 마을의 황토모텔 주인은 오래도록 내 가슴에 별로 남아 있을 것이다.

산책길의 사람 풍경

새로 이사 온 동네에 이런 멋진 산책길이 있다는 것이 나에게는 정말 행운이었다. 이곳에 온 지가 오 년이 되도록 이렇게 좋은 트레일 코스가 있는지를 몰랐다. 왕복 3.4마일이라 빨리 걸으면 1시간 10분이나 20분 정도가 걸리니 나에게 딱 맞는 시간과 거리였다.

이 산책길은 자연을 그대로 유지하고 있어서 어느 깊은 산골에 와 있는 것 같았다. 옆으로는 깊지 않은 낭떠러지로 계곡이 파여 있는데 그 아래로는 시냇물이 졸졸 흐르고 있었다. 마치 정릉 골짜기를 연상하게 해서 추억을 불러내는 곳이기도 했다.

산책길로 들어서면 징검다리가 운치 있게 놓여있다. 징검다리를 건너가야만 산책길로 접어들게 된다. 나는 이 징검다리를 건널 때마다 일부러 돌멩이를 헛디디고 싶은 유혹을 느끼게 된다. 아무도 없을 때는 징검다리 사이로 흐르는 맑은 물을 떠서 세수를 해보고 싶기도 했다. 물은 맑고 깨끗해서 한 움큼 손에 담으면 시원한 기운이 온몸에 퍼져 정신이 번쩍 들었다.

문득 황순원의 〈소나기〉가 생각났다. 누군가 이 징검다리에서 내 손을 잡아 줄 것만 같아 주위를 휘둘러보게 된다.

로스앤젤레스는 비가 많이 오지 않은 곳이라 시냇물처럼 얕은 물이 흐르는데, 어느 해에는 많은 비로 인해 징검다리 위로 넘쳐 건너갈 수가 없게 된 때도 있었다.

물속에 잠긴 징검다리 돌에 시선을 모아봤다. 끊임없이 밟히기만 했던 돌이 오랜만에 온몸을 물속에 담가 깨끗하게 씻기고 잠시나마 쉬고 있는 모습이었다. 물에 잠긴 돌처럼 모든 잡다한 생각들에서 벗어나 쉬고 싶다.

오솔길이 있는가 하면 두세 명이 나란히 걸어갈 수

있는 폭넓은 길도 나오고 가끔은 언덕도 나온다. 안으로 깊이 들어가면 오솔길로 접어들어 한 사람이 겨우 걸어갈 수 있는 길이 있는데, 양쪽에 나무가 자라서 하늘이 보이지 않을 정도로 우거져있다. 마치 터널 속으로 들어가는 느낌이 든다. 그곳에 벤치만 놓여 있다면 데이트 장소로도 안성맞춤일 것 같았다. 그 나무터널 속은 희한하게도 여름엔 냉장고 속같이 시원하고, 겨울에는 바람이 아무리 심하게 불어도 나뭇잎 하나 흔들리지 않는 아늑한 곳이다.

그곳을 지날 때면 언제나 먼 추억이 아스라이 떠올라 은밀하게 혼자 생각에 잠기는 곳이기도 했다. 갓 스무살 청춘이었을 때, 사랑이 막 싹트려고 했을 때, 무엇을 봐도 온 세상이 아름답게 총천연색으로 다가왔던 그 때... 나만이 보물처럼 간직하고 있는 추억이다.

흙길을 걸으며, 들꽃을 보고 봄이 오는 소리를 듣고, 더위에 진초록으로 변하는 여름을 맞고, 우수수 나뭇잎이 떨어지면 가을을 느끼면서 이 산책길을 걷는다. 이 산책길 안에 사시사철이 다 있어, 그 안에서 우리의 인생도 나이를 들어가는 소리를 듣는다.

흙길을 걸어가니 발걸음이 가볍고 걷는 촉감이 너무나 좋다. 왼쪽으로 들어서면 소나무 아래 약간의 공터가 있는데 그곳에는 벤치가 놓여있다. 몇몇 친구들과 그곳에서 맨손 체조를 하며 여학교 조회시간을 떠올리기도 했다. 이곳에 통나무 커피 집만 있다면 최고일 텐데…… 하며 각자의 아름다운 추억에 젖기도 해본다.

유난히 소나무가 많아 공기가 맑았고 수백 년쯤 되었을 법한 멋진 떡갈나무가 많았다. 숨을 크게 들이마시며 걷노라니, 언제 나타났는지 코요테가 마치 길라잡이처럼 앞서 걸어가고 있었다. 섬뜩했지만 코요테는 작은 짐승이나 잡아먹는다고 해서 약간의 안심을 하긴 해도 사라질 때까지 마음이 놓이지 않았다.

어렸을 때, 한국에서 보았던 소나무는 냄새가 좋아 송편 찔 때 솔잎을 깔고 쪄냈던… 그 송편 맛이 어렴풋이 떠올랐다. 송진 냄새와 나뭇잎 썩는 냄새가 코끝에 닿아 습습했다. 종종걸음을 멈추고 하늘을 올려다봤다. 쭉 뻗은 나무줄기 끝에 꿰인 하늘이 가없이 깊었다.

새벽에 이 길을 걷노라면 낯익은 한국 사람들이 삼삼오오 짝을 지어 걷게 된다. 매일 만나는 사람들인데도 반갑고, 따뜻한 인사로 하루를 시작하니 행복해진다. 어쩌다 매일 오던 사람이 나타나지 않으면 웬일인가 궁금하게 된다.

육십쯤 돼 보이는 남자가 이어폰을 귀에 꽂고 인사 없이 무덤덤하게 음악에 빠져 걸어갔다. 내가 먼저 인사를 해봤지만, 그는 무심히 지나쳤다. 한국 사람이라는 것을 빤히 알면서도 모른 척했다. 기분이 상했지만 나도 그냥 포기하고 무심히 지나갔다.

어느 날, 한참을 그가 보이지 않아 산책길에 반장 격인 분한테 물어봤더니 하늘나라로 갔다고 했다. 간경화가 심해져서 얼마 못 산다는 말을 듣고 그래도 마지막까지 열심히 산책을 씩씩하게 하다가… 입원을 며칠하고… 그리고는 떠났다 했다.

마음이 매우 아팠다. 그런 아픔이 있는 줄을 모르고 같은 한국 사람끼리 어쩌면 인사도 안 하는가 하고 내심 괘씸하게 생각했던 일이 미안했다. 남의 사정을 모르면 함부로 판단하지 말아야겠다는 다짐을 또 한 번 했다.

칠십이 넘었지만, 나이보다 훨씬 젊어 보이는 K 여인

은 요즘 얼굴이 복사꽃같이 환히 피어났다. 웬일인가 했더니, 몇 년 전에 남편과 사별을 하고 외롭던 차에 남자친구가 생겼다고 했다. 주위 사람들은 찬반으로 말들이 많았다. 하지만 남들의 찬반이 그녀에게 무슨 소용이 있겠는가. 잘 이루어져서 삶에 생기를 다시 찾는다면 누가 그녀의 인생에 왈가왈부할 것인가? 그녀의 외로움을 누군들 책임질 수 있을 건가?

그러다가 어느 날, 그녀의 표정이 다시 어두워졌다. 은근히 걱정이 되었다. 같이 잘 다니던 친구 말이 그 남자가 돈 많고 젊은 여자한테로 가버렸다고 귀띔을 해줬다. 뒤에서 각자의 의견으로 분분했었던 여자들의 입이 무거워졌다.

산책을 하고 난 날은 왠지 숙제를 한 기분이 들어 하루가 마음도 몸도 가뿐 해진다. 산책길에서 만난 모든 사람들은 걷는 것이 건강에 최고라며 오늘도 씩씩하게 걷고 있다. 언젠가는 나도 이 산책길에서 떠날 때가 오겠지만, 되도록 오랫동안 이 산책길에서 걷고 싶다.

자연이 아무리 아름답다 해도, 사람이 더 아름답다는 것을 느끼게 되는 산책길의 풍경이다.

사랑스러운 단비

그녀는 시골에서 알려진 재원이었기에 가족과 동네 사람들의 꿈과 희망을 안고 K 시로 대학 진학을 했었다. 자취를 하면서 열심히 공부를 하는 착실한 여대생인 그녀는 대학 생활이 점점 익숙해져 갈 무렵 미팅에서 만난 같은 학년의 남학생과 사랑에 빠졌다. 방학 때, 그들은 학교 공부를 핑계 삼아 시골로 돌아가지 않고 동거를 시작했다.

그러던 어느 날, 임신한 것을 알고 남자는 군대를 핑계로 꼭꼭 숨어버렸다. 어떻게 할 것인가. 그녀는 평생을 혼자 아기를 키우며 살아 볼 생각도 해보았지만, 능

력 부족과 앞으로의 인생에 자신이 없었다.

평화로운 집안을 평지풍파로 몰아넣고 싶지 않았고, 동네 사람들 입방아에 오르내리고 싶지도 않았다.

생각다 못해 두어 번 진찰을 받았던 산부인과 여의사와 터놓고 의논을 하기로 결심했다. 여의사는 마침 좋은 집안으로부터 부탁을 받은 일이 있으니 아기를 낳아 그 집에 입양을 시키자는 제의를 했다.

그녀는 아기를 낳았지만, 얼굴 한 번도 못 본채 떠나보내야만 했다. 여의사의 극진한 보살핌을 받았으나 마음은 온통 보지도 않은 아기의 모습으로 산란해졌다. 그러나 텅 빈 마음을 다잡고 그곳을 떠났다.

이런 사연을 가진 아기는 임신할 수 없는 내 절친한 친구의 집에 입양이 되었다. 친구는 본인이 아기를 낳은 것처럼 하기 위해 아무도 모르는 먼 동네로 이사를 갔다.

이러한 일은 모두 비밀리에 이루어졌고, 그 아이는 아무것도 모른 채 온 집안의 귀여움을 독차지하며 자라고 있다.

친구는 이 아이로 인해 새로운 삶을 살게 되어 무척 행복해했다. 그래서 아이의 이름을 '단비'라고 지었다. 하지만 불안한 생각을 떨칠 수가 없었다. 딸의 혈액형까지도 마음을 졸이게 했다

그러던 중 어느 날 학교에서 혈액검사를 했는데, 천만다행으로 딸은 그들 부부 사이에서 나올 수 있는 혈액형을 가진 것이었다.

친구는 그 기쁜 소식에, 단비는 정말 내 딸이라는 다짐을 마음속에 다시 한 번 했다. 언젠가 단비가 철이 들어 모든 것을 이해할 나이가 되었을 때, 낳은 정보다 기른 정이 크다는 것을 알 나이에, 옛날얘기 하듯 모든 것을 말해주리라 생각했다. 그렇지만 또 한편으로는 이 사실을 무덤까지 꽁꽁 싸매서 가져가고도 싶었다. 마음을 다스리는데도 여전히 개운치 않은 불안이 안개처럼 자욱하게 깔려 있는 것이다.

친구는 자신을 위해서, 또 딸을 위해서 분명 보람 있는 삶을 살고 있는데 왜 그토록 불안한 마음일까?

아직도 한국 사회가 입양아를 바른 눈으로 봐주지 않

기 때문일까? 결혼할 때 문제가 되기 쉽고 앞길에 지장을 가져오는 사회 풍조 때문일까?

미국같이 처음부터 사실을 밝히고 떳떳하게 입양을 해서, 그들을 당당한 사회인으로 자신 있게 키워낼 수는 없을까?

나는 친구 집에 갈 때마다 혹시라도 무슨 일이 생기지 않았나 하고 그 집안 분위기를 눈치껏 살피곤 했다. 나 자신부터 나도 모르는 사이에 오랜 인습에 젖어 편견이 있었던 것 같다.

내 가족, 내 핏줄을 중요시하며 섞이지 않으려는 우리의 관습 때문에 그들은 사실을 밝히지 못하고 비밀에 부치는지도 모른다.

하지만 티 없이 자라는 친구의 딸을 보고 나는 오랫동안 쌓여 있는 편견을 조금씩 털어버려야겠다는 다짐을 했다. 분명 그 딸은 과거가 알려진다 해도 모든 것을 이겨내고 긍정적인 삶을 살 것이다. 친자식 이상으로 사랑을 하는 엄마가 있기 때문에.

1999년 한 해 국내에서만 입양된 아이가 1천 7백여 명, 해외입양은 2천 4백여 명이라 한다. 해외입양이 국내 입양보다 많다는 것은 분명 우리 모두의 수치이다.

며칠 전, 동네 한국식당에 갔었다. 마침 미국인 가족이 대여섯 살 쯤 돼 보이는 한국 아이 둘을 데리고 들어와 옆자리에 앉았다. 한산한 식당에는 그들과 우리 가족밖에 없었다. 그들은 몇 번 눈인사를 보내더니 가까이 와 말을 건넸다. 한국에 대한 많은 것을 알아야 두 아이들을 키우는데 도움이 될 것 같아 한국에 대한 소식에 관심이 많다고 했다. 아이들에게 한국인이라는 아이덴티티를 지켜주기 위해 자주 코리아타운에 나와 한국 사람들을 만나게 해준다고도 했다.

오늘도 입양한 두 아이를 위해 한국식당을 찾았다고 했다. 한국 음식은 먹을수록 인이 박인다며 김치를 샐러드 먹듯 한다. 김치 담그는 법을 가르쳐 달라고 붙임성 있게 묻기도 했다.

이렇게 대화를 하는 그들에게 나는 따뜻한 정을 느꼈다. 특히 그분들은 좋은 인상과 교양을 갖춘 사람들로 보여 안심이 되기도 했지만, 나는 잘 먹던 저녁이 가슴에 꽉 걸렸다.

그 아이들을 떠나보낸 나라의 한 국민으로서 부끄러움을 견디기 어려웠기 때문이다.

나는 생각했다. 우리들의 편견과 편협한 마음이 입양을 외면시하는 것이 아닌가를….

소중한 만남

'벌릿츠'라는 어학센터에서 청탁이 왔다. 대학에 입학하기 위한 과정으로 한국어를 제2 외국어로 택한 학생을 인터뷰하는 일이었다. 이번 인터뷰 평가에 따라서 학점을 인정해주는 시험인 것이다. 전날 팩스로 서류를 받아보니 한국 성씨가 아니고 일본 성에다 이름은 제니였다.

문득 이상한 생각이 들었다. 한국인이 아닌 외국인이 한국어로 크레딧을 받아 대학에 들어가기란 쉬운 일이 아니었기 때문이다.

어쨌거나 나는 시험관 자격으로 약간의 기대와 설렘

으로 웬만하면 시험 점수를 후하게 주리라는 결정을 미리 하고 갔었다.

첫인상이 잘 익은 사과 같은 건강한 얼굴색에 빵긋 웃는 잇속이 쪽 고른 석류 알 같이 예쁘고 아주 상쾌한 여학생이었다.

"혹시 한국분이세요?"

"네, 한국 사람입니다. 제 이름은 제니라고 합니다."

수줍은 듯 웃으면서 대답을 하는데 발음이 약간 꼬부라진 소리가 났다. 나는 순간 점수를 잘 주고 싶은데 어쩌나 하는 부담감이 왔다.

"그런데 왜 성이 일본 성이에요?"

"아, 내 남편이 일본사람이에요."

나는 아직도 대학생같이 풋풋하고 어리게만 보여 결혼한 사람이라는 것을 미처 생각지도 못했었다.

"만나서 반갑습니다."

나는 상대방을 우선 긴장감에서 편하게 한 다음 시험 형식에 따라 질문하기 시작했다. 마침 가족에 대해서 간단한 설명을 요하는 질문사항이 있었다.

제니는 대구에서 태어났고 여섯 살이 되었을 때 아버지가 돌아가셨다. 엄마 혼자 세 자녀를 어떻게 할 수가 없어 고아원으로 보내졌다. 고아원에서 만난 언니가 미국으로 입양을 간 후 제니에게 가끔 편지를 보냈다. 중학교에 다니고 있으며 맛있는 음식이 너무 많아서 먹을 때마다 그곳 식구들이 생각난다고 했다. 모든 것이 꿈만 같은데도 가끔씩 외로워 한국이 그립다고 했다. 제니는 먹을 것만 마음대로 먹고, 공부만 할 수 있다면 어떤 것도 참을 수 있을 것 같았다.

드디어 소원대로 제니는 콜로라도의 어느 미국인 가정에 입양이 되었다. 다행히 양부모한테는 친자식이 없어 제니한테 정성껏 잘해주었다. 제니는 고등학교를 졸업하고 직장엘 들어갔다. 대학은 내 힘으로 공부를 하고 양부모에게도 살면서 꼭 은혜를 갚으리라 다짐했다. 그런데 직장에서 일본인 2세를 만나 자기가 모은 돈으로 결혼을 했고, 지금은 다섯 살짜리 아들을 두고 있다.

대학에서는 간호학을 전공할 예정이며, 졸업하고 아픈 사람이나 불쌍한 사람들을 도와주는 일을 하고 싶으며, 한국에 있는 고아원을 돕는 것이 장래 꿈이라 했다. 야무지게 말하는 제니의 눈이 빤짝하고 빛났다. 아마도 이 말은 순간적으로 하는 말이 아니고 오래전부터 준비하고 마음속에 새겨진 말이라는 것을 나는 알 수 있었다.

어려운 환경에도 불구하고 제니는 밝고 긍정적인 생각을 하고 있었다. 이제 서른도 채 안 된, 내 딸 나이의 입에서, 그것도 미국에서 사는 젊은 사람이 어떻게 이런 생각을 할 수 있을까?

나는 이런 제니 앞에서 나와 내 가족만을 위해서 살아온 자신이 너무 부끄러워 감히 더 이상 질문을 할 수가 없었다. 형식적인 질문들을 서둘러 끝내고 말았다.

시험이 끝나 밖으로 나오자마자 나는 무조건 제니를 껴안았다. 제니도 껴안고 놓지를 않고 있다가 눈물을 글썽이며,

"아줌마! 내가 전화해도 돼요?"

나는 제니의 눈을 쳐다보며 천천히 고개를 끄덕였다.

"물론! 내 딸과 동갑이라 더 딸 같은 기분이 드는데, 우리 무엇이든지 서로 도우면서 앞으로 친하게 지내도록 해요. 보통 인연이 아니잖아요."

다음 만날 약속을 하고 돌아오는 차 안에서 나는 인

생은 정말 힘들 때도 많지만, 이렇게 소중한 만남이 있으므로 아름답다는 것을 절감했다.

언젠가는 제니도 엄마를 찾아서 또 다른 만남으로 기쁨과 보람을 찾기를 마음속으로 기도한다.

바다가 고향인 것을…

친구의 남편은 15년형을 다 마치지 못하고 교도소에서 하늘나라로 갔다.

처참한 삶을 함께했던 남편이었건만, 그가 떠나자 그녀는 마음에 구멍이 뻥 뚫려 무엇으로도 막을 수 없다며 통곡했다. 그러는 그녀를 보고 나는 뒤통수를 얻어맞은 충격을 받았다. 함께 하지 않았어도 이 세상에 있다는 존재의 의미가 이렇게 큰 것을… 과연 부부란 무엇인가?

친구는 취업 이민으로 미국에 오자마자 일을 했었고,

그녀의 남편은 전공과는 상관없이 스와밋에서 장사도 했고 또 햄버거 가게도 해보았지만, 하는 것마다 망하고 말았다. 나중에는 그만 포기를 하고 딸 하나 뒤치다꺼리를 할 수밖에 없었다.

점점 그는 말이 없어지고 방에만 틀어박혀 술에 찌들어 지내게 됐다. 우울증은 심해졌고, 급기야는 정신착란까지 일으켜 집 근처에 있는 맥도널드에 들어가 앉아 있는 백인을 총으로 쐈다.

그는 15년 형을 받고 카운티 교도소에서 복역을 하고 있었다. 친구는 경제적 여유가 없어 개인 변호사를 고용하지 못했고 관선 변호사를 썼기 때문에 형량이 더해졌다고 가끔 억울해했다.

낯선 타국에 와서 언어와 문화적인 차이로 어려움을 겪지 않은 사람이 어디 있겠는가? 하지만 친구의 남편은 최악의 상황을 겪었다.

친구 또한 기막힌 삶을 살게 되었다. 혼자 몸으로 딸을 돌보며 직장생활을 한다는 것은 결코 쉬운 일이 아니었다.

그런 데다 사춘기를 맞고 있는 딸은 방황하기 시작했

다. 아빠에 대해 한 번도 묻지 않았다. 친구는 죄인처럼 딸의 눈치를 보기에만 급급했다.

친구는 지극정성으로 면회를 다녔다. 나는 친구의 삶을 바라보기만 할 수는 없었다. 나의 운명처럼 친구의 아픔을 보듬고 조금이라도 함께 나누고 싶었다.

그녀에게는 한 가지 꿈이 있었다. 남편이 출옥을 하면 함께 한국에 나가 바닷가 작은 집에서 같이 여생을 보낼 거라고 했다. 남편은 시골 바닷가에서 자라 항상 그곳으로 돌아가고 싶어 했었다.

친구는 남편의 꿈을 이루어주기 위해 더 열심히 일을 했다. 친구가 가장 행복할 때는 그 꿈을 말할 때였다. 그때, 그녀의 눈은 파란 바다색으로 물들어 비취색이 났다.

친구는 한 달에 한 번씩 목적지인 모로 베이 카운티 교도소에 남편을 면회하러 갔다. 나도 가끔은 친구와 동행을 하곤 했다. 처음에는 나에게 많이 미안해했지만, 나중에는 으레 같이 가는 걸로 습관이 되었다. 다니다 보니 나도 내가 꼭 해야만 되는 일로 생각이 들었다.

모로 베이는 LA와 샌프란시스코 중간에 있으며 로스

앤젤레스에서 북쪽으로 3시간 30분이나 걸린다. 하루 거리가 아니기에 친구와 나는 호텔 방을 항상 잡아 놓고 갔다. 달리는 동안 왼쪽으로 태평양 바다가 우리 차를 놓치지 않고 따라 온다.

부서지는 파도 사이로 서퍼가 갈매기처럼 멋지게 미끄러지고 있었다. 한눈을 판 사이에 서퍼가 파도에 휩싸여 잠적해버렸다. 나는 그를 찾느라고 하마터면 차선을 침범할 뻔했다.

서퍼를 바라보며 우리네 인생을 생각해 보았다. 어느 때는 파도에 휩싸여 앞이 안 보인 적도 있었지만, 그것도 잠시 견디다 보면 다시 잠잠한 바다가 우리를 안아주지 않았던가.

그녀가 면회를 하는 동안 나는 혼자 바닷가를 거닐기도 했고 피어에 있는 레스토랑에서 커피를 마시기도 했다. 그러면서 나는 많은 것을 생각하게 되었고, 우리 이민자들의 삶을 보게 되었다.

나 또한, 부모님의 만류를 뿌리치고 무엇을 찾아 이곳에 와 있는가 싶으면서 사는 게 뭔가 하고 가슴이 아파왔다. 문득 나 혼자 외딴 섬에 놓여 있는 고독감이 엄습해 왔다. 어쩌면 나도 일상에서 벗어나 이런 시간을 즐기는 지도 모르겠다.

면회를 마치고 친구와 나는 레스토랑에서 클램차우더로 간단한 점심을 했다. 향 좋은 커피를 마시다가 바다를 바라보면 수평선 끝이 보였다. 문득 태평양 바다 끝으로 달려가면 고국이 나올 것만 같아 눈물이 핑 돌곤 했다. 내 마음도 그럴진대 친구의 마음은 오죽할까?

남편의 상태에 따라 그녀의 기분은 명랑하기도 했고 더 침울해지기도 했다. 나도 그녀의 기분에 따라 바다 색깔이 잿빛이 되었다가 파란색이 되었다 예측할 수 없었다.

약간의 희망이 보이는 날, 그녀는 '바다 색깔 너무 예쁘지! 저 파도 색깔 좀 봐! 은갈치 색이야!' 하며 함박웃음을 웃었다. 그럴 때, 나도 덩달아 기분이 좋아져서 맞장구를 치며 함께 온 보람을 느끼곤 했다.

한참 동안 해변을 걷다가 패티오에 앉아 쉬는 동안 피시 엔 칩스를 시켜 시원한 하이네켄 맥주 한잔을 마시면 바다가 온통 나를 품는 것 같아 마음이 푸근해지기도 했다. 가끔은 친구 남편 면회를 온 것이 아니고 바람을 쐬러 온 것 같은 착각에 빠져 친구에게 미안한 마음이 들었다. 먹다가 잠깐 바다를 바라보는 동안 갈매기가 음식을 훔쳐 달아난다. 그런 모습까지도 낭만이고 아름다움으로 느껴졌다.

* * *

나는 친구와 친구 남편의 시신을 화장하기 위해 그곳에 갔다. 재를 바다에 뿌리면, 영혼이라도 자유롭게 훨훨 날아 고향에 들렀다가 하늘나라에 갈 거라 믿었다. 그 일은 남편에게 주는 마지막 선물이라고 친구는 말했다.

멀리 대학에 가 있는 딸에게 알렸지만 아무 소식이 없단다. 아빠가 떠나는 마지막 길에는 자식 된 도리로라도 와야 되는 거 아니냐며 처음으로 나에게 통곡하며 하소연을 했다.

시간이 남아 친구와 나는 해변을 아무 말도 하지 않고 걸었다. 친구는 걷기도 힘들어 터벅댔다. 친구의 팔을 잡았더니 온몸의 무게를 나에게 맡겼다.

그때, 저만치서 우리를 향해 누군가 달려오고 있었다. 분명히 친구의 딸이었다. 우리는 동시에 걸음을 멈추고 멍하니 달려오는 딸을 바라보고만 있었다. 친구는 털퍼덕 모래사장에 주저앉았다.

딸은 엄마를 껴안더니 '미안해!' 하며 바다를 향해 울부짖었다.

갑자기 '쏴!' 하고 파도가 울부짖는 소리를 삼켜버렸다. 바다는 깊이도 알 수 없고 넓이도 알 수 없는 어머니 같은 마음으로 우리 세 사람의 가슴을 시원하게 씻어줬다.

둥지

창밖에서 재잘대는 새소리에 잠이 깨었다. 창문을 가만히 여니 봄기운이 코끝을 싱그럽게 했다. 어디선가 재스민 향기가 기다렸다는 듯이 은은하게 열린 창문으로 슬그머니 들어왔다.

얼마 전부터 주인의 허락도 없이 새들이 대담하게 처마 밑에 둥지를 짓고 있었다. 등이 윤기 나는 검은 빛에 날개와 꽁지가 길고 배가 흰색인 것으로 봐서 제비 종류인 것 같다. 많은 집들 중에 우리 집 처마를 택해서 찾아왔다는 사실이 반가웠다.

새들은 종일토록 지푸라기와 흙을 물어 날랐다. 파닥

대는 날갯짓과 쉴 사이 없이 재잘거리는 소리는 주위를 생동감에 넘치게 했다. 무슨 말을 그리도 많이 재잘거릴까. 아마도 한 곳에 머물고 있는 나무들에 세상 얘기를 전해주나 보다. 무슨 재미있는 이야기를 전하는 걸까?

며칠 동안 까맣게 잊고 지내다 우연히 처마 끝을 올려다보고 나는 깜짝 놀랐다. 어느새 제법 큰 새둥지가 처마 아래 벽에 자리를 잡고 있었다. 여러 개의 알을 품을 모양이다. 그곳은 바람이 잘 통하고 햇빛도 잘 들어 명당자리인 것만은 분명했다.

새둥지가 있기 전에는 눈 뜨면 습관처럼 드르륵 창문을 열어 새벽의 신선한 공기를 마음껏 들여 마셨었다. 이제는 새들이 놀래 도망을 갈까 봐 창문을 함부로 열 수가 없다. 숨을 죽인 채 살그머니 손가락으로 미니 블라인드 하나를 들어 올리고 새둥지를 쳐다보았다. 알을 품고 있는 어미 새의 눈이 반짝하고 빛났다. 그 눈은 희망과 기다림으로 더 아름다워 보이는 것 같았다. 그런 모습을 바라보고 있노라니 내 마음이 평온해진다. 나는 눈이 마주칠까 봐 눈인사를 혼자 보내고 살그머니 미니 블라인드를 닫았다.

아침마다 커피 한잔을 끓여 들고 나는 뒷마당을 서성인다.

새벽은 아직도 부옇게 빛을 머금고 밤새 어둠을 홀로 지켰던 초승달을 조용히 밀어내고 있다. 자욱한 안개 속에 이슬이 내 피부를 촉촉이 적신다. 밤새 내렸던 이슬을 담뿍 머금은 꽃들은 은구슬을 대롱대롱 잎마다 줄기마다 매달고 있다. 물방울만 그리는 화가의 마음을 이해할 것도 같다. 꽃들은 자기의 아름다움으로 시선을 끌기 위해 바쁘게 치장을 하고 있다.

심술꾸러기 달팽이들은 느릿느릿 기어 다니며 살찐 긴 목을 빼서 한껏 치장을 한 꽃들을 괴롭히고 있었다. 어디선가 벌새가 인기척에 놀라 후드득 눈앞을 스치고 지나갔다.

먼발치에서 새둥지를 바라보았다. 새끼가 부화될 때까지 어미 새는 알을 품고 인내해야 되는 것이다. 알을 몇 개나 품고 있는지 몹시 궁금했다. 몇 마리가 되던 한 알도 실패하지 않고 다 부화되기를 기원해 본다.

작년 봄에 이사를 온 바로 직후였다. 아직 뜰이 정리가 되지 않았는데 친구가 감나무 한 그루를 대문 앞에 가져다 놓았다. 자리가 잡히면 햇볕 잘 드는 곳에 심기로 하고 당분간 그곳에 방치해 두고 있었다.

어느 날 감나무에 물을 주려다가 나는 깜짝 놀랐다.

"어머! 새집 좀 봐."

감나무는 화분에서도 봄을 놓칠세라 연초록 새잎을 무수히 달고 있었는데 그 속에 새둥지가 있는 것이 아닌가. 아직은 감나무 가지가 굵지 않아 새둥지는 불안하게 자리 잡고 있었다. 짚으로 엮어진 새둥지는 작은 대바구니처럼 섬세하고 앙증맞았다.

이사를 오자마자 새둥지가 감나무에 자리를 잡았으니, 어쩐지 좋은 일이 생길 것 같아 기분이 좋았다. 더구나 새둥지를 그렇게 가까이에서 보기는 처음이라 신기하기가 이를 데 없었다.

그러나 그때부터 내 고민은 시작되었다. 둥지를 틀고 앉아 있는 새가 놀랄까 봐 대문을 함부로 열 수가 없었다. 나는 옆문을 이용했지만, 손님이나 불청객이 불쑥 들이닥치면 어쩌나 하는 불안한 마음이 생겼다. 그렇다고 감나무를 들어다 뒤 곁 햇볕이 잘 들고 사람 발이 안 타는 곳으로 옮겨 놓을 수도 없는 일이었다. 어미 새가 집을 못 찾게 되면 부화는 실패로 끝날 것이 아닌가. 결국 그 자리에 놔둘 수밖에 없게 되었다.

그러던 어느 날 옆집에서 앞마당 공사가 시끄럽게 시작되었다. 소음과 먼지가 뿌옇게 날아와 집 앞에 세워 놓은 차가 황토를 뒤집어써 말이 아니었지만 나는 새둥지가 더 걱정이 되었다. 다음 날 나는 궁금한 마음으로 조심스럽게 감나무로 다가가 새둥지를 들여다보았다.

어찌 된 일일까? 어미 새는 간데없고 알 세 개만 핏줄이 들여다보일 듯 맑은 크림색을 띠고 알몸으로 새둥지에 놓여 있는 것이 아닌가. 너무 시끄러워서였을까 아니면 일꾼들이 들락거리니 불안해서 알을 품고 있을 수가 없었던 것일까. 다시 어미 새가 나타나 주기를 나는 날마다 기다렸다. 그러나 어미 새는 끝내 나타나지 않았다.

조심스럽게 새둥지를 들어내어 집 안으로 가지고 들어왔다. 궁리 끝에 나는 새털을 구해다가 살그머니 덮어주고 볕이 잘 드는 응접실 탁자 위에 올려놓았다. 행여 새털로 따뜻하게 덮어놓으면 부화되지 않을까 하는 어리석은 생각에서였다.

그런 경험이 있었기에 이번만은 절대로 실패하는 것을 보고 싶지 않아 그 근처에는 얼씬도 하지 않았다. 새둥지에 있는 알들이 꼭 부화되어 훨훨 날아가는 것을 보고 싶었다. 주위에 친구들은 새들이 벽을 망쳐 놓으면 페인트를 다시 해야 되니 호스로 물을 뿌려 새둥지를 없애버리라고 했다. 그러나 나는 그럴 수가 없었다. 벽이 어떻게 된들 무슨 상관이랴!

그러던 어느 날 새벽이었다. 창밖에서 가늘고 여린 새소리가 들렸다. 마음은 급했지만, 가만히 미니 블라인드 틈새로 밖을 내다보았다.

아! 기다리던 새 생명!

드디어 내 바람은 이루어졌다. 작은 기쁨이 가슴에 가득 찼다. 새둥지에 있는 새끼들은 몸은 보이지 않고 주둥이만 어미를 향해 덤벼들 듯 찍찍대고 있었다.

아침마다 미니 블라인드를 들추든 설렘이 이제는 새로운 감동으로 가슴에 가득 차온다.

어미는 새벽부터 부지런히 새끼에게 먹이를 물어다 먹이고 있다. 머지않아 새끼들은 스스로 둥지를 박차고 나와 새로운 세상을 향해 멋지게 날개를 펼칠 것이다. 어미 새는 새끼를 떠나보낸 허전한 마음을 달래기 위해 짹짹 소리치며 더 높이 비상할 것이다.

그런 어미 새의 모습을 상상해보니 내 마음 한구석이 찡해져 온다.

나는 겨울이 되어 새가 떠나버린 후에도 텅 빈 새둥지를 없애지 않고 내년 봄을 또다시 기다릴 것이다.

언젠가는 내 자식들도 부모의 둥지를 떠나 창공을 훨훨 날아갈 것이며, 그때 나는 빈 둥지에 새로운 꿈과 희망을 채워 넣으리라.

<서울 가회동 본가를 바라보는 할아버지>
- UCLA에서 미술사를 전공하고 있는 손녀 카야(Chaya)의 그림

2부

그래도 행복하네요

친구의 두려움은 물어보나 마나 빤한 것 아닌가. 분명, 어젯밤 엎치락뒤치락 잠인들 제대로 잤을까? 이 생각 저 생각에 혼자 눈물짓던 일이 한꺼번에 봇물 터지듯 쏟아져 딸 같은 여의사의 가슴에 얼굴을 묻고 흐느꼈다.

그래도 행복하네요

이비인후과 진료실에 들어가자 그녀는 나를 보고 환하게 웃었다. 노인같이 보이는 그녀와 옆에 앉아 있는 남자와의 관계가 궁금했다. 남자의 나이가 모자간이라기에는 좀 많아 보였고 부부라고 하기에는 좀 젊어 보였다. 실례가 될까 봐 관계를 묻지 않았다. 여자를 자세히 보니 이가 몽땅 빠져서 그렇지 남자와 걸맞은 나이 같기도 했다. 가만히 있어도 입술 끝이 살짝 올라가 웃는 얼굴로 보여 좋은 인상이었다.

그 남자가 나를 보자마자 의자에서 벌떡 일어났다. 지난번에 이 병원에 왔을 때는 통역원이 없어 혼이 났는데 이렇게 와주셔서 너무나 감사하다며 정중하게 인사를 했다.

“어떻게 오셨어요?”

의사를 기다리는 사이에 나는 여자에게 물었다. 여자는 계속 반갑다며 웃고만 있었고 옆에 있던 남자가 나서서 먼저 말을 했다.

“작년에 제 집사람이 죽을 뻔했었죠.”

순간 그의 눈에 눈물이 언뜻 비쳤다. 그는 그녀가 눈치 채지 않게 눈을 두어 번 껌벅껌벅하더니 순식간에 눈물을 삼켰다.

“설암! 그런 거 들어보셨어요? 혀암 말이에요. 그런 게…… 있는 줄도 몰랐었는데 글쎄, 혓바닥에…… 암이 생겼답니다. 수술하고 방사선 치료를 받아 완전히 회복이 되었죠. 감사하죠. 그런데…… 일 년 후 다시 턱 밑에…… 암이 전이된 거예요. 또 수술을 해서 암 덩어리를 떼어 냈으니 살아난 게 기적……기적이죠. 저 턱 밑에 칼자국…… 수술 자국 좀 보세요.”

그는 성질이 급한지 말을 빨리하려다 자주 말문이 막혀 더듬거렸다. 특히 ‘암’이라는 단어를 말할 때는 침을 한번 꿀꺽 삼켰다. 건장한 체격에 눈이 부리부리해서 좀 와일드하게 보이긴 했지만, 마음은 상당히 여린 것 같았다.

남편은 마치 본인이 암 투병에서 이겨 난 것처럼 지난 일들을 힘겹게 말했다. 그의 얼굴은 일그러져 금방이라도 눈물이 쏟아질 것만 같았다.

억장 무너지는 시간이 얼마나 많았을까?

그렇게 말하고 있는 사이에도 여자는 내내 웃는 얼굴로 남편을 바라봤다. 그런 두 사람의 모습이 참 행복하고 아름다운 부부로 보였다.

다행히 턱 밑이라 언뜻 눈에 띄지는 않았지만, 자세히 보니 목주름을 없애려다 실패한 수술 자국처럼 흉터가 있었다.

"그런데, 오늘은 왜 오셨어요?"

"얼마 전부터 목에 혹이 생겼어요. 갑상샘암인지 모른다며 조직검사를 했는데, 오늘 그 결과를 들으러 왔답니다."

그는 아내의 목을 자기 목인 양 안쓰럽게 바라봤다.

그녀의 목은 모딜리아니의 여인상처럼 길고 가늘었

다. 그런데 목 왼쪽에 아기 주먹만 한 크기로 혹이 튀어 나와 있었다. 남편이 설명을 하는 동안 내내 그녀는 합죽이 입을 가리지도 않고 텅 빈 굴속 같은 입속을 맘껏 들어내며 웃었다. 그 모습이 천진난만한 아이처럼 순박하게 보였다.

언젠가 들은 치과의사의 말이 생각났다. 아무리 독하게 생긴 여자라도 앞니가 몽땅 없으면 어금니 빠진 호랑이처럼 양순하고 착하게 보인다고 했다. 그래서인지 큰 눈을 가진 그녀의 얼굴도 너무나 착해 보였다.

유심히 보니 그녀는 입만 함몰되었지 눈가에 주름 하나 없이 온 얼굴이 팽팽했고 피부가 너무나 깨끗하고 맑았다. 중병을 두어 번씩이나 치르고 난 사람 같지가 않게 고왔다. 내가 신기한 듯 다시 보자 그녀는 소녀처럼 볼을 붉히며 말했다.

"글쎄, 저이가 나 때문에 작년에 지레 죽을 뻔했잖아요. 이렇게 살아난 것만도 감사하죠. 이런 어려운 일이 없었더라면 어떻게 매 순간 감사하며 살겠어요. 우린 많은 복을 받았어요."

자기 아픔보다 상대방의 아픔을 말하고 있는 그녀의

모습에서 지고한 사랑을 느낄 수가 있었다. 고난을 이겨낸 사람만이 누릴 수 있는 감사와 행복을 그들 부부는 갖고 있었다.

그러는 사이에 의사가 들어왔다. 중국계 의사를 보자마자 그녀는 의자에서 벌떡 일어나 손을 덥석 잡으며 활짝 웃었다.

"아이고! 반가워라, 반가워. 고마워요!"

그녀는 오래 헤어졌던 자식이라도 만난 듯 한국말로 거침없이 인사를 했다.

"안녕하세요! 괜찮아요?"

의사도 약간 어색했지만, 한국말로 인사를 했다.

그녀는 나에게 의사가 중국 사람인데 한국말을 웬만큼 하고 김밥이며 잡채, 불고기를 좋아한다고 했다. 남편도 옆에서 오늘은 참 반가운 사람만 만나게 된다며 거들었다.

의사가 차트를 들춰 보더니 조직검사를 다시 한 번 해야 정확한 결과를 알 수 있다고 했다. 잠시 어두운 빛이 보이는가 싶더니 금세 표정을 바꿔 그녀는 '오케이! 오케이!'하며 시원하게 대답했다.

그녀가 의자에서 일어섰다. 키가 작은 나는 그녀를 올려다보게 됐다. 늘씬한 키에 군살이 하나도 없었다. 쌍꺼풀진 눈에 오뚝한 코, 틀니만 제대로 해 넣는다면 중년의 미인이 되고도 남을 것 같았다. 나는 넌지시 그녀에게 말했다.

"젊었을 때 혹시 미인대회에 나갔던 거 아녜요?"

옆에 있던 남편의 얼굴에 흐뭇한 미소가 감돌았다. 그녀는 환하게 웃으며 잠시 남편을 바라보더니 지갑에서 젊었을 때의 본인 사진을 꺼내서 수줍은 듯 내게 보여줬다. 영화배우 못지않은 그녀의 모습에 나는 세월의 무상함을 느꼈다.

돌아가는 그들 부부의 뒷모습을 보며 나는 마음속으로 기원했다. 암 환자는 하루에 한 번씩 의무적으로 웃어야 한다는데 저렇게 밝게 웃으니 꼭 완쾌되리라고.

며칠 후, 그녀한테서 전화가 와 병원 로비에서 만났다. 그녀는 나를 보자마자 반갑게 껴안더니 내 손에 빛깔 고운 종이 백을 건네줬다. 그 안에는 그녀가 새벽부터 일어나 손수 만들었다는 김밥이 들어 있었다. 한입에 쏙쏙 들어갈 것 같은 예쁜 김밥을 보자 군침이 돌았다. 그 자리에서 나는 손으로 한 개를 집어 입에 넣었다. 향긋한 오이 냄새가 입안에 퍼졌다.

내가 맛있게 먹는 모습을 보더니, 중국 의사한테도 전해줬다고 했다.

"지난번 결과가 어떻게 나왔어요? 그냥 혹이었지요?"

그녀의 명랑하고 밝은 얼굴을 보며 나는 분명 암이 아닐 거라는 확신을 가지고 물었다.

"갑상샘 암이래요. 처음 들었을 때는 잠시 절망을 했지요. 이번이 세 번째니까요. 그런데, 수술도 할 수 없는 암이 얼마나 많아요. 그 생각을 하니 치료하면 낫는다는 데 감사한 마음이 들더라고요."

담담하게 말하는 그녀의 혀 짧은 소리가 내 가슴을 찔렀다.

"그래도 행복하네요."

그녀의 얼굴이 다시 함박꽃처럼 환하게 피어났다.

프리지아 간호사

병원에 근무하는 동안 나는 아름다운 사람들을 많이 만났다. 그것이 내게는 축복이었다. 프리지아 간호사도 그런 축복 중의 하나였다.

유난히도 하얀 얼굴에 흰 유니폼이 잘 어울리는 그녀는 마치 천사 같았다. 그런 데다 상냥하고 친절하기까지 하니 금세 환자들 사이에서 인기가 많았다.

그녀가 담당한 첫 환자는 점잖은 중년 부인이었다. 그분은 한 달 동안 입원을 하고 있었는데, 그 사이에 간호사와 정이 흠뻑 들어 은근히 며느릿감으로 점을 찍어 놓았다.

퇴원을 한 후, 중년 부인은 '프리지아 간호사'에게 라고 쓴 카드와 함께 보라색 프리지아 꽃다발을 그 간호사에게 보냈다. 호리호리한 그녀의 몸매와 갸름한 얼굴이 그 꽃과 아주 잘 어울렸다.

그 후로 그녀에게는 '프리지아 간호사'라는 별명이 붙여졌고, 그 꽃이 인연이 되어 중년 부인의 아들과 결혼까지 하게 되었다.

결혼 후, 남편과 함께 로스앤젤레스에 이민을 와 첫 직장을 갖게 된 곳이 종합병원 신생아 중환자실이었다. 태어나자마자 삶과 죽음의 경계를 넘나드는 곳…….

한국에서 살다가 낯선 미국 땅에 와서 맨 먼저 부딪히는 난관은 누구에게나 언어 문제였다. 영어만 잘 할 수 있다면 무엇이든 자신 있게 할 것 같은 생각이 들기도 했다.

영어를 잘 못 하는 대신 그녀는 다른 간호사들보다 아기들에게 더 정성을 쏟았고 최선을 다했다.

신생아들의 팔에 보일 듯 말 듯한 혈관을 찾아내기란 쉬운 일이 아니었다. 그러나 그녀는 작고 섬세한 손으로 몇 번 아기의 팔을 만져 보고는 정확하게 혈관을 찾아냈다. 그 재능이 서서히 인정받기 시작하니 혈관주사는 도맡아 하게 되었다.

아무리 보채고 우는 아기도 그녀의 손에 가면 금세 달래는 특별한 재주가 있었다.

어느 날, 나는 하도 신기해서 프리지아 간호사에게 그 비밀을 물었다. 나는 그 병실에서 비서로 일을 하면서 그녀가 그동안 인정받기까지의 일을 모두 알고 있었다.

"아기를 사랑하는 마음으로 가슴에 꼭 품으면 심장 뛰는 소리가 서로에게 전해지지요."

그녀는 당연하다는 듯 말하고 조용히 미소를 지었다. 그래서 덜렁대고 산만한 간호사가 돌보는 아기가 이유 없이 종일 울고 보챘었구나 하는 생각이 들었다. 말 못 하는 아기도 느낌으로 아나 보다.

요즘 그녀가 돌보는 아기는 조로 증상을 가지고 태어난 미숙아이다.

아기는 그 작은 얼굴이 몽땅 늙은 상태로 태어났다. 처음엔 겁이 나서 보질 못하고 눈길을 피하기만 했었다. 그녀는 억지로 나를 끌고 가서 아기의 쪼글쪼글한 얼굴에 뽀뽀를 하더니 자기 얼굴에 대고 '귀엽죠?' 하며 사진을 찍어 달라고 했다.

나는 전혀 귀엽다는 생각이 들지 않았지만, 그 모습이 너무나 애처로워 가슴이 저며 왔다. 아기는 힘이 없어 젖꼭지조차 빨지 못하기 때문에 튜브를 통해 우유를 공급받았다. 이 아기는 얼마 못 살고 죽을 거라며 눈물을 글썽이는 그녀의 모습에서 나는 뜨거운 사랑을 느꼈다.

그러던 어느 날, 아기는 그녀의 극진한 간호도 외면한 채 그만 숨을 거두고 말았다. 아기를 살리기 위해 온갖 의술을 동원하여 최선을 다하는 의료진의 모습에서 나는 생명의 존엄성을 다시 한 번 깨달았다.

그녀는 죽은 아기를 가슴에 꼭 껴안고 한참 동안 고개를 들지 않았다. 모두들 잠시 숙연해졌다. 동료 간호사가 흘끔 쳐다보더니 '잘 죽었지! 그 애가 살아봤자 병신밖에 더 되겠어?' 하고 건조한 금속성의 소리로 말하는 것이 아닌가.

그 자리에 아기엄마가 없는 것이 천만다행이라고 생각하는 순간, 언젠가 읽었던 주요섭의 〈미운 간호부〉라는 수필이 머리에 떠올랐다.

A라는 소녀. 7, 8세밖에 안 된 귀여운 소녀가 죽어 나갔다.

…〈줄임〉…

부모는 간호부더러 시체실을 가르쳐달라고 청하였다.

"시체실은 쇠 다 채우고 아무도 없으니까, 가보실 필요가 없어요." 하고 간호부는 톡 쏘아 말하였다. 퍽 싫증난 듯한 목소리였다.

"아니, 그 애를 혼자 두고 방에 쇠를 채워요?" 하고 묻는 어머니의 목소리는 떨리었다.

"죽은 애 혼자 두면 어때요?" 하고 다시 톡 쏘는 간호부의 목소리는 얼음같이 싸늘하였다.

미운 간호사의 말이 결코 틀린 것은 아니지만 엄마의 심정을 조금이라도 이해했다면 그렇게 말하지 않았을 것이다. 생과 사를 너무나 많이 보아왔기 때문에 감정이 메말라 버린 것일까? 자기 자식이라도 그렇게 말했을까?

나는 잠시 생각해 보았다. 따뜻한 마음이 사라지고 있는 우리들의 모습을, 그리고 각박한 현실이 메마른 감정을 부추기고 있다는 사실을.

심신이 지쳐있는 환자나 그 가족들에게 따뜻한 말 한 마디는 어떤 약보다 더 큰 위로가 되지 않을까.

남의 아픔을 가슴에 안고 눈시울을 적시는 프리지아 간호사! 그녀에게서 풍기는 은은한 향기를 가슴 깊이 간직하고, 봄이 오기 전에 햇볕 잘 드는 뒤뜰에 프리지아를 심어 꽃을 피우게 하리라. 그 향기를 그리워하는 사람은 분명 나 혼자만은 아닐 것이다.

프리지아 향기가 말한다.
"아기를 사랑하는 마음으로
가슴에 꼭 품으면
심장 뛰는 소리가
서로에게 전해지지요."

아름다운 여의사

"하이! 나는 닥터 헤이다리라고 합니다. 미시즈 신?"

그녀는 진찰실에 들어오자마자 진찰 침대에 앉아있는 친구를 보고, 또 의자에서 벌떡 일어난 나에게 먼저 악수를 청했다.

키가 커 나는 올려다봤다. 삼십 대 초반쯤 돼 보이는 여의사는 피부가 갈색에다 눈이 크고, 윤기 나는 까만 긴 머리가 매혹적이었다. '헤이다리'라는 성을 봐서도 인도 사람인 것 같았다.

친구는 겁먹은 표정으로 여의사를 한 번 보고 내 눈치를 살폈다. 나는 여자 산부인과 의사라 마음이 한결

편했다. 의외로 친절한 여의사를 보고 안심을 했는지, 친구는 환한 표정으로 웃으며 손을 덥석 잡았다.

"쌩큐! 탱큐……."

의사는 진찰 침대에 앉아 있는 환자 곁으로 다가가더니 어깨를 다독거리며 말했다.

"지금 가장 두렵고 힘든 것이 무엇인가요?"

친구에게 통역을 해줬다. 이런 질문을 처음 받아보는지, 친구는 속내를 들켜버린 듯 눈을 동그랗게 뜨고 놀란 표정을 지었다.

친구의 두려움은 물어보나 마나 빤한 것 아닌가. 분명, 어젯밤 엎치락뒤치락 잠인들 제대로 잤을까? 이 생각 저 생각에 혼자 눈물짓던 일이 한꺼번에 봇물 터지듯 쏟아져 딸 같은 여의사의 가슴에 얼굴을 묻고 흐느꼈다.

아픔은 누구도 대신해줄 수 없는 일. 혼자 외로운 투병을 견뎌내야 했다.

그러자 여의사는 당황한 표정으로 자기가 뭘 잘 못해서 그러는가 싶어 나에게 물었다. 친구는 마음이 여려 평소에도 눈물이 헤픈 편인데, 아마도 의사의 친절에 감동을 받아서 그런 것 같다고 통역을 했다.

그 말을 들은 여의사도 안쓰러웠던지 눈가가 촉촉해지며 엄마 같은 환자를 더 꼭 껴안았다. 치료하면 완치가 될 수 있을 뿐 아니라, 벌써 크기가 많이 줄었으니 절대 걱정하지 말라고 진심으로 위로했다.

의사는, 암이 발생하면 무엇보다도 주위 가족이나 친구들의 절대적인 관심과 협조가 있어야 하는데, 이렇게 통역도 해주는 친구가 같이 와주니 얼마나 감사한 일이냐며 옆에 있는 나를 한껏 띄워주었다.

친구에게 내 칭찬이라 대충 통역을 해줬더니, 그렇지 않아도 그 은혜를 잊을 수 없다며 또 눈물을 글썽인다. 나는 갑자기 내가 대단한 일을 한 것처럼 기분이 붕 떴다. 고래도 춤을 춘다는데…… 더 잘해줘야겠다는 마음이 생겼다.

젊은 나이인데도 어쩌면 이렇게 환자의 마음을 배려해주고 안심시켜주는지 존경심이 갔다.

오래전 아버지의 병문안으로 한국에 갔을 때의 일이 문득 생각났다.

비뇨기과 전문의를 어머니와 함께 만나고 있었다. 그 의사는 여동생 친구의 남편이라고 해서 친근한 생각이 들었지만 어쩐지 거만하게 보였다. 치료 방법에 대해 의사의 이야기를 듣던 중에 내가 질문을 했다.

"모르면 가만히 있으라고……."

그는 나를 쳐다보지도 않은 채 반말로 야단을 쳤다.

'모르니까 궁금해서 어떻게 치료하는 지를 여쭤보는 거 아닙니까?' 하고 한마디 하려는 순간, 옆에 앉아 계시던 어머니가 내 허벅지를 사정없이 꼬집어 뜯었다. 그 바람에 한마디 말도 못 하고 어머니에게 등을 떠밀려 나왔다.

억울하고 분해서 어쩔 줄 모르고 있는 나에게, 어머니는 어머니대로 쓸데없는 질문을 해서 의사의 기분을 망쳐 놓았으니, 아버지 치료에 해가 되면 어떡하느냐고 끌탕을 하셨다.

친구는 첫 번째 진단을 내린 산부인과 의사의 잘못 판단으로 인해 6개월을 기다리고 있었다. 그러는 동안, 어느 날 새벽에 걷잡을 수 없이 하혈을 하는 바람에 응

급실로 실려 갔다.

모든 검사를 한 결과 자궁암이라고 했다. 그것도 혹이 8센티나 돼 수술을 할 수 없어 우선 방사선으로 크기를 줄인 다음 수술을 해야 된다는 진단이 나왔다.

월요일부터 금요일까지 방사선 치료를 받으면서 일주일에 한 번 항암 치료를 받았다. 환자는 입맛도 떨어져 아무것도 먹을 수가 없고, 겨우 영양제를 맞아가면서 투병을 하고 있었다.

하루하루 힘든 날들, 희망을 잃지 않고 견디는 친구의 모습이 안쓰러웠다. 의사를 기다리느라 의자에 앉아 있는 친구의 모습은 금방이라도 내려앉을 것 같이 축 처져있었다. 그 사이 몸무게가 20파운드나 빠져 앙상한 어깨와 툭 불거진 광대뼈가 더 마음을 아프게 했다.

"림프샘에 전이도 되지 않았고, 혹도 많이 줄어들어, 어쩌면 수술 안 해도 될지 모르니 얼마나 감사한 일이에요."

자기 일같이 좋아하며 위로해 주는 젊은 여의사의 따뜻한 마음에 감동을 했다. 친구는 감사해서 눈물을 줄줄 흘렸고, 여의사는 친구의 어깨를 계속 다독거려 주고 있는 모습이 너무나 아름다웠다.

여의사는 키가 커서인지 임신을 한 것 같은데도 별로 표가 나지 않았다. 묻지도 않았는데 첫아기를 임신했고, 다음 달이 예정이라며 행복하고 환한 표정을 지었다. 남편이 아들을 원했는데 아들이라면서 신기하지 않으냐며 하나님께 감사한다고 말했다.

그러면서도 친구의 상태에 안쓰러운 표정을 감추지 못하고 계속 다독거리며 입맛은 괜찮은지, 지치지 않으려면 뭐든지 가리지 말고 잘 먹어야 한다며 마치 엄마가 아이를 타이르듯 했다.

의사는 시간에 상관없이 친구와 담소를 하듯 위로를 해줬고 틀림없이 치료하면 완치가 되니 절대 염려하지 말라고 또 당부를 했다.

이렇게 한 환자한테 시간을 많이 뺏겨도 되나 싶을 정도로 오래 이야기를 하고 있는 의사를 보면서 환자는 첫째로 의사를 잘 만나야 된다는 생각이 들었다.

마침 내일모레가 크리스마스니, 여의사한테 선물을 하고 싶다고 친구는 나에게 부탁을 했다. 크리스마스 때라 백화점 주차장은 꽉 차서 빈자리를 찾을 수가 없었지만, 짜증이 나기는커녕 즐거움으로 콧노래가 나왔다. 머릿속으로 남자아기 파란색 멋진 옷을 사고, 세트로 담요도 사야지 하는 생각을 하면서 백화점 안으로 빠르게 걸어 들어갔다.

걷는 동안 내내 아름다운 여의사의 얼굴이 마음에서 떠나지 않았다. 이런 아름다운 의사가 있음으로 세상은 밝아질 것이며, 친구의 병도 분명 완쾌될 것이다.

나 또한 덤으로 행복해져서 나도 모르게 두 손을 모았다.

"하나님 감사합니다."

마약 아기

하얀 돌배꽃이 봄바람에 눈송이처럼 흩날리는 초봄, 꽃향기가 은은하게 코끝을 건드려 봄이 옴을 알려줬다. 상쾌한 아침이었다.

빌딩을 향해 주차장을 빠져나가면서 오늘은 또 어떤 일이 일어날 것인가 하는 기대감에 발걸음이 빨라졌다. 전에는 주차장이 빌딩과 가까워 곧바로 병원 내로 들어갈 수가 있었는데 이제는 가까운 주차장은 모두 환자들의 주차장으로 바뀌어버렸다.

처음엔 불평을 하다가 건물을 향해 걸어가는 사이에 못 보던 나무도 꽃도 새들도 눈에 들어오니 마음이 한결 여유로워졌다. 이 병원은 야트막한 야산으로 둘러져있어 마치 병풍 쳐진 안방 같은 고즈넉한 분위기였다. 이런 환경에서 일하는 자체가 행운이라는 생각이 들었다.

돌배나무 사이를 걸어가는데 꽃 이파리 하나가 시야를 가리는 순간, 어제 아기를 낳은 열여섯 살짜리 산모가 머리에 떠올랐다. 아직도 철이 들지 않아 임신이 뭔지 아기를 낳으면 어떻게 해야 하는지도 모를 철부지였다.

임신 중에 당뇨, 고혈압, 임신중독 등으로 아기에게 영향을 끼치는 것은 어쩔 수 없다지만 마약을 복용한 산모들에게는 화가 난다. 이 병동에는 마약 아기가 종종 입원을 하게 되는데, 나이에 상관없이 마흔 살이 다 된 철없는 임산부도 있었다. 자기 자신이나 망가질 일이지 태어나는 아기한테까지 영향을 미치게 하니, 마약 산모를 볼 때마다 화가 나고 정말 가슴이 아프다.

이 산모가 낳은 아기가 신생아 중환자실로 들어왔다. 34주 만에 미숙아로 태어났지만, 손가락도 발가락도 다 제대로 있는 것이 신기했다. 이 산모 역시 임신 중에 마약을 복용했다. 표정 없이 자기가 낳은 아기를 남의 아기 보듯 멀거니 바라보다 휘적휘적 신생아 중환자실을 나가버렸다. 언뜻 멍한 눈에 눈물이 비쳤던 것 같기도 해서 다른 쪽문으로 나가봤다.

미혼모는 작은 몸을 벽에 기댄 채 미동도 하지 않았다. 어깨에 손을 대고 어지러우냐고 물었더니 고개를 저으며 내 가슴에 안겨버린다. 마치 엄마한테 야단맞고 우는 아이 같이 흐느꼈다. 나는 작은 어깨를 꼭 껴안아 주었다. 잠시나마 미웠던 마음이 갑자기 사라지고 너무 가여워 눈물을 닦아주며 나도 따라 울었다.

모성애는 이 세상에 가장 아름다운 사랑이라는 마음이 들었다. 철없게만 보이던 열여섯 살짜리 미혼모에게도 모성애는 어쩔 수 없는 천륜인 것이다.

아침에 보았던 하얀 돌배나무가 생각났다. 돌배나무는 한약재로써 가슴이 답답한 것을 해소시키며 위 속에 뭉쳐있는 열 덩어리를 치료한다는데 이 미혼모에게 이런 약이라도 먹였으면 싶다.

엄마가 복용하는 마약을 공급받은 아기는 소변 검사 역시 양성이었다. 아기는 설사가 잦아 작은 엉덩이가 헐어 새빨갛게 되었다. 간호사는 기저귀를 벗겨 연한 피부가 덧나지 않게 연고를 바르고 공기를 통하게 열어 놓았다. 엎드린 채로 아기는 무릎과 팔꿈치로 발버둥을 쳤다. 여린 피부가 벗겨져 속살이 드러나니 말 못 하는 아기지만 얼마나 아프겠는가? 아기는 줄기차게 울다가 경련까지 일으켜 간호사들을 지치게 했다.

아기는 모유도 얻어먹을 수가 없었다. 우유병조차 제대로 빨지 못한 아기는 간호사의 노력으로 날마다 조금씩 우유병을 빨려고 애썼다. 이렇게 해서 겨우 우유를 넘겼나 싶으면 금방 토해버리고 열이 수시로 오르락내리락했다. 잠도 제대로 못 자고 선하품만 계속하다가 겨우 잠이 들었나 싶으면 갑자기 자지러질 듯 날카로운 고음으로 울어댔다.

어느 날, 소셜워커가 넉넉하게 생긴 50대 중반쯤 돼 보이는 입양모를 소개했다. 입양모는 날마다 하루에 한 번씩 와서 우유를 먹이고 아기를 가슴에 꼭 껴안아 줬다. 아기는 엄마 품인 양 심장의 박동을 듣고 평화로운 표정으로 눈까풀을 파르르 떨며 잠시 풋잠이 들었다.

그렇게 힘든 중에도 아기는 조금씩 상태가 좋아져 입양모와 간호사들의 마음을 기쁘게 했다.

입양 모는 아기 이름을 앤젤이라고 불렀다. 어느 날 그녀는 묻지도 않은 속 이야기를 우리에게 들려줬다.

이야기 내용은 대강 이러했다.

"내가 사십 세가 다 되어 기다리던 아들을 낳았는데, 불행하게도 장애아였어요. 아이가 열두 살 때, 하늘나라로 갔답니다. 그때는, 아무 생각도 없이 그냥 아이를 따라가고 싶은 생각밖에 없더라고요.

그런데 어느 날, 꿈에 아들이 환하게 웃으며 나타난 거예요. 꿈에서도 어찌나 반가웠는지 쫓아가서 안으려고 했는데 스르르 사라져버렸어요. 꿈에서라도 행복하게 웃는 아들의 모습을 보고 다시 새 삶을 살기로 결심을 했답니다.

아들을 생각하며, 다운 증후군 아이를 입양했죠. 아들 이름과 똑같이 브라이언이라고 지었어요. 비록 저능아지만 브라이언은 하늘에서 내 아들이 보내준 천사 같은 마음을 갖은 아이랍니다.

브라이언이 혼자 자라고 있으니 외로워하는 것 같아 두 번째 입양 아이를 기다리고 있던 중에 앤젤을 만나게 된 겁니다. 브라이언이 날마다 여동생, 앤젤이 언제 오냐며 손꼽아 기다리고 있답니다.

예쁜 앤젤도, 천사 같은 브라이언도, 사랑과 믿음으로 잘 키우는 것이 내 바람이랍니다.”

그녀는 이야기를 끝내며 앤젤의 볼에 입을 맞췄다.

그녀를 뒤로하고, 나는 창가로 갔다. 오후가 되니, 하얀 돌배꽃이 눈꽃처럼 바람에 흩날리고 있었다. 열매 맺지 못한 돌배나무에서 나는 애처로운 미혼모의 모성애를 안타까워했다.

비록 열매는 맺지 못하지만, 모성애만은 아름다운 돌배꽃으로 환하게 세상에 빛을 발하기를 기원해본다. 또한 따뜻한 입양모의 앞날을 축복하면서 그녀의 깊은 마음을 다시 헤아려 본다.

우리는 모두 기원한다. 이 아기가 비록 다른 기능이 저하되더라도 세상을 바라보는 눈이 아름답기만을…….

외로운 외침

은은한 야생화 향기가 소독약 냄새와 어우러져 병실 안에 감도는 조용한 아침이다. 한줄기 햇빛이 미니 블라인드 틈새로 들어와 선잠을 자고 있는 환자의 얼굴에 살포시 내려앉는다. 그 적막함이 지난 밤 힘들었던 환자들의 아픔을 잠재우고 있는 듯하다. 주말에다 공휴일까지 겹친 병원은 외래환자의 발길이 끊겨 무척이나 한가롭다.

이렇게 고즈넉한 분위기를 샘이라도 내듯 전화벨 소리가 정적을 깬다. 정신과 응급실에서 한국어 통역이 필요하다는 전화다. 정신과라는 말에 겁이 덜컥 났다.

사실 통역은 내가 꼭 해야 할 임무는 아니다. 이 병원에는 통역원들이 있어 필요할 때는 언제든지 스피커로 부른다. 아마도 휴일이라 통역을 맡을 사람이 없었던 것 같다.

이곳 종합병원은 주로 극빈자들이 많이 온다. 한국인들은 별로 눈에 띄지 않아 다행이라고 생각했었는데, 다른 곳도 아닌 정신과 병동이라니 가고 싶지 않아 못 들은 걸로 해버리고 싶었다. 하지만 다시 생각해보니, 동족의 어려움에 고개를 돌리려고 했던 나 자신이 부끄러웠다.

한 번도 가보지 않았던 정신과 병동의 복도를 걸어가면서 나는 누군지도 모르는 미지의 사람에 대해 상상을 해본다. 어쩌다가 정신과 병동에까지 오게 되었을까? 아마도 그는 큰 꿈을 가지고 좀 더 잘살아 보기 위해서 미국에 왔을 것이다. 환자를 보기도 전에 애잔한 마음이 들었다.

작은 대기실에 들어서는데, 술 냄새가 코를 찔렀다. 첫눈에도 정신과 환자가 아니라 술이 문제가 되어 왔다는 것을 알 수 있었다. 다행이라는 생각이 들면서 혹시

마약 중독이 된 사람은 아닌가 하는 염려가 되었다.

게슴츠레한 눈으로 쳐다보는 그의 표정에서 언뜻 반가움과 안도감이 스치는 것을 나는 느꼈다. 경찰관 두 명이 양쪽 옆에 앉아 있고 손목을 뒤로 한 채 수갑이 채워져 있는 모습이 건장한 미국인들 앞에서 무척이나 초라해 보였다. 순간 알 수 없는 서글픔이 밀려온다.

경찰관이 여기까지 데려오게 된 경위를 잠시 설명했다. 이웃 사람들의 신고로 가봤더니, 텅 빈 아파트에 술병이 난장판으로 어지럽혀져 있고 언제부터 술을 마셔댔는지 엉망으로 취해서 가스를 틀어 놓고 죽는다며 난동을 피우고 있었단다. 그는 월남전에도 참전을 했었다고 중얼대더라며 경찰은 고개를 갸우뚱했다.

이곳 미국에서는 이런 난동을 부리는 사람은 일단 정신과로 데려온다.

나이가 오십은 넘어 보이니 월남전에 참전했다는 것이 사실일지도 모른다. 그렇다면 전쟁의 후유증 때문일까? 아니면 옮겨 심은 나무가 뿌리를 내리지 못하고 진통을 겪는 것일까? 여러 가지 복잡한 가정 문제로 자포자기가 되었을까? 이런 상상을 하다 보니 내 머리는 혼란스러워졌다.

잠시 후, 정신과 의사의 질문에 그는 고함을 치며 횡설수설했다. 마약을 한 적이 있느냐는 질문엔 그런 것은 안 한다며 나에게 심한 욕을 해 경찰들이 양팔을 단단히 잡고 있었다. 만취된 사람한테 무슨 답을 들어 보겠는가. 결국은 형식적인 질문만 한 후, 72시간 동안은 꼭 병원에 있어야 되니 문제를 일으키지 말라는 다짐으로 통역을 끝냈다.

이미 서너 명의 환자들이 있는 병실 한 침대 앞에 그를 세워놓고, 수갑을 채웠는데도 온몸을 끈으로 묶었다. 만약의 난동에 대비하기 위해서라는 것쯤은 알지만, 너무 비참한 모습에 가슴이 아팠다. 그 광경을 보고 병실을 나오는데 그 남자의 짐승처럼 울부짖는 소리가 내 귓전을 때린다.

나는 현기증을 느껴 벽에 힘없이 기대어 정신을 가다듬으려고 애를 쓰고 있었다. 어제까지만 해도 외래 환자들로 벅적댔던 병원 복도는 적막하다 못해 괴기스럽기까지 하다. 마치 어두운 터널 같아 숨이 막힐 것만 같왔다.

아! 이 사람의 부인과 아이들은 어디에 있는 것일까? 이 사람의 어머니는 아들이 수갑에 채워진 채 병원에 끌려와서 저렇게 묶여 있는 사실을 상상이나 하고 있을까?

사람들은 누구나 어려운 일을 겪는다. 그도 이 외로운 외침에 모든 시련을 실어 보내고, 남의 나라에서 사는 슬픔을 딛고, 이 미국 땅에 뿌리 내리기를 기대해 본다.

창밖엔 단풍나무가

햇빛 잘 드는 남향 이 층 방에 친구는 종일 누워 있었다. 전망 좋은 친구의 방, 창밖에는 아름다운 단풍나무 한 그루가 그림처럼 서 있었다. 초봄에 별 모양의 속 이파리를 반짝거리며 내놓더니 어느덧 단풍으로 물이 들어가고 있었다.

날마다 붉은 색깔을 안으로 깊숙이 삭이고 있는 단풍을 바라보며 나는 친구의 병세를 안타깝게 가늠해 봤다.

친구는 난소암 수술을 받았는데 회복된 줄 알았던 암이 3개월 만에 꼬리뼈로 전이가 되고 말았다. 현대의학으로도 어쩔 수가 없어 집에서 투병 생활을 하고 있었다. 거의 매일 이다시피 나는 친구를 보러 갔다.

친구의 집 앞에는 단풍나무 한 그루가 운치 있게 서 있었다. 로스앤젤레스에서는 흔치 않은 나무라 더 눈에 띄었다. 가을이 되면 주위의 친구들은 단풍나무를 핑계 삼아 이 집에 모여들곤 했다. 즐겁게 모이던 친구들은 이제 병문안을 하러 와서 슬픈 마음으로 단풍을 보게 됐다. 단풍은 곧 화려했던 지난날을 접고 땅에 떨어져 비참하게 짓밟혀질 것이다.

산 위에 있는 친구의 집, 침실의 한쪽 벽면은 전체가 통유리로 되어 있었다. 그 창문에는 아른아른 속살을 비출 듯 물항라 커튼이 드리워졌다. 그 양쪽으로 낭창한 허리를 잘근 동여맨 자주색 꽃무늬 커튼이 방 안의 분위기를 낭만으로 이끌었다. 속 커튼까지 양쪽으로 활짝 젖히면, 서울의 대한극장에서 봤던 70밀리 시네마스코프 화면에 〈벤허〉라는 영화가 스펙터클하게 펼쳐질 것만 같았다.

그러나 영화보다 더 화려한 자연의 무대가 막을 올려 친구의 병실 분위기를 수시로 바꾸어 놓았다. 어느 날은, 산봉우리가 구름에 싸여 한 폭의 동양화 병풍으로 둘려진 안방으로 다가오고, 또 어느 날은 겨울을 재촉하는 비가 창문을 두드려 오지 않는 임을 기다리는 안타까운 마음을 주기도 했다.

창 너머 보이는 단풍나무는 연회색 구름을 배경으로 친구의 마음도 모른 채 더욱더 붉어만 갔다. 겨울을 재촉하는 비바람을 맞으면서도 잎을 떨구지 않으려 서로 부둥켜안고 있는 단풍의 자세는 이별을 예감하고 있는 듯 애처로웠다.

단풍의 변화는 마치 인간사를 연상하게 했다. 단풍은 찬 서리를 이겨내며 붉게 물들고 있는데, 오히려 인간은 자연을 거부하고 추위를 견디려 하지 않는다.

인내하며 비바람을 견뎌내는 단풍을 바라보며, 친구는 인내와 용서에 인색했기 때문에 결혼생활을 실패로 이끌었다고 자백했다. 오랫동안 혼자 지냈던 친구는 겉으로 보기에는 너무나 자유스럽고 행복해 보였지만, 텅 빈 마음은 무엇으로도 채울 수가 없었나 보다. 죽음을 앞에 두고 지난 일들을 후회하는 친구를 보며 내 마음 또한 착잡해졌다.

인생을 사계절로 구분한다면 친구와 나는 가을에 들어서고 있는 나이가 되었다. 가을은 올 때부터 이별을 안고 오는지 잡을 사이도 없이 빨리 지나가 버려 더 아쉬운 지도 모르겠다.

건강한 나는 내년의 가을을 또 기다리는 마음으로 아쉽게 보낼 수 있지만, 친구에게는 아마도 마지막 가을이 될 것 같아 더 보내고 싶지 않았을 것이다. 온몸으로 피를 토하고 있는 단풍은 친구의 아픔을 말해주는 것 같아 슬프다 못해 처절했다.

나는 그녀를 방문할 때마다 단풍의 건재함에 마음을 졸이곤 했다. 바람 부는 날은 단풍잎이 다 떨어질까 봐 가슴이 조마조마했다. 어쩐지 단풍잎이 하나씩 옷을 벗으면 친구의 몸 세포 조직도 하나씩 죽어 갈 것만 같은 마음이 들어서다.

문득 오 헨리의 〈마지막 잎새〉가 떠올랐다. 제발 친구는 이 작품을 기억해내지 말았으면 좋겠다. 음악과 꽃을 좋아하고 책을 아끼는 친구가 그 작품을 생각하지 않았을 리가 없다. 아마도 속으로 깊이 삭이고 있지 않았을까.

"오늘은 단풍이 더 아름답지?"

노을이 붉게 물드는 어느 해질녘에 친구는 이렇게 말했다. 노을에 비친 친구의 얼굴은 단풍으로 물들어 수채화처럼 부옇게 내 눈에 들어왔다. 친구는 반짝하고 눈을 떠 나를 올려다봤다. 그 순간 내 머릿속에도 반짝하고 친구의 건강했을 때의 발랄했던 모습이 스쳤다.

"단풍은 다른 나무보다 설탕 분이 많아서 붉게 물든다는데 내 마음에는 설탕 분이 없었나 봐."

나는 친구의 마지막 말을 들으며 시선을 좇아갔다. 거기에는 이별 앞에 마지막 불꽃으로 절정을 토해내는 단풍나무의 아름다움이 있었다. 단풍은 곧 화려했던 잎을 미련 없이 훌훌 털어버리고 가벼워지겠지. 친구처럼.

친구의 마지막 편지

"빨리 좀 오세요. 와이프가 미시즈 윤을 찾아요."

새벽 한 시에 친구의 남편한테서 급하게 전화가 왔다.

다급한 목소리를 듣자마자 올 것이 왔다는 생각이 들면서 떨리기 시작했다.

차로 십 분밖에 안 걸리는 이웃이라 다행이라는 생각이 들면서도 가는 동안에 문득 그녀가 운명해버렸기를 바랐다. 나는 임종을 본 적이 없었기 때문에 갑자기 무서움 증이 들어 피하고 싶었다.

그런 내 마음을 짐작할 리 없는 남편은 지름길로 해

서 쏜살같이 그녀의 집 앞에 차를 들이댔다. 나는 주춤주춤 걸어가 가족들 뒤로 몸을 감추고 겨우 목만 내밀었다. 그녀는 나를 보는 순간 이를 악물고 또렷한 말로 이렇게 말했다.

"그동안 고마웠어. 장례 때, 조사 좀 해줘!"

나는 그 말을 듣는 순간 온몸에 소름이 끼치고 머릿속이 하얘지는 것 같았다. 빨리 이 자리에서 도망치고 싶었다. 내 평생에 나에게 유언을 남기는 사람은 처음이었기에 당황했다.

임종의 순간 그녀의 모습은 참담했다. 고통을 이기지 못해 터무니없이 크게 뜬 눈이 허공을 헤맸다. 모르핀을 계속 맞아 가수면 상태라 저렇게 아플 거라고는 상상하지 못했다.

마지막 가는 길인데 편안히 보낼 수는 없는 걸까? 모르핀을 더 주면 아프지 않을 것 같은데…… 진통제가 듣지 않는 건지 내 짧은 의학지식으로는 이해가 안 갔다.

병원에서 나온 간호사는 그녀의 침대 옆에 지켜보고 있을 뿐 아무런 조치도 하지 않았다. 운명의 순간이라는 것을 짐작할 수 있었다. 남편은 입이 말라 바튼 소리로 '여보, 여보! 정신 좀 차려 봐!'를 되풀이했고, 두 아들은 짐승처럼 소리 지르며 상체를 벌떡벌떡 일으키는 엄마의 손을 잡고 '맘! 맘!' 하며 매달렸다.

잠시 조용하더니, 가족들을 향해 반쯤 감긴 눈으로

"I am going now, bye!"

마지막 말을 흘리더니 조용해졌다.

바로 그때 옆에서 상황을 지켜보고 있던 간호사가 병원에 전화를 걸었다.

"She is leaving."

잠시 후 앰뷸런스가 집 앞에 도착했다.

그녀는 일 년 동안 자궁암 투병 생활을 강인하게 했다. 그녀가 처음 암에 걸렸다고 울면서 나에게 전화했을 때, 나는 믿지 않았다. 아무리 생각해도 암에 걸릴 하등의 이유가 없었기에.

그녀의 생활은 긍정적이고 적극적이었으며 삶 자체가 생기 있었다. 철저한 종교 생활은 규칙적이었고 몸에 해로운 것은 전혀 입에도 대지 않았다.

단지 한 가지 걸리는 것이 있다면 그녀는 남편과 오래 떨어져 살았다. 혹시 외로움이 암의 원인이 된 것은 아닐까? 하지만 그 누가 암에 걸리는 이유를 정확하게 알 것인가?

어쨌거나 평소에도 외로웠던 그녀는 병상에서도 외롭게 혼자 이겨내고 있었다. 현실을 그대로 받아들이고 가족들을 전혀 힘들게 하지 않은 채 하루하루를 잘 지내려고 애쓰는 모습이 더 안쓰러웠다.

그녀를 외롭게 만들었던 남편이었건만 오히려 자기가 죽은 후 남편이 잘살 수 있도록 유언장을 다 해놓았다. 나는 그러는 그녀에게 화가 나 본인 걱정이나 하라고 핀잔을 주기도 했었다.

부부란 과연 어떤 존재인가. 누군가는 존재만으로도 큰 울타리가 되고 힘이 되는 사람이 부부라고 하기도 했다. 그럴지라도 가는 길은 따로따로인 것이 인생길인 것 같았다. 살아 있을 동안만 동반자일 뿐이다.

장례식에서 나는 그녀가 내게 한 유언을 지키느라 생전 처음 조사를 했다. 조사를 하고 나니 그녀에게 마지막 약속을 지켰다는 후련함과 감사한 마음이 들었다.

그녀를 돌보면서 앞으로 남은 인생을 어떻게 살아야 할 것인지를 깊이 생각하게 되었다.

장례식 절차에 삭지 한 장이 끼어있었다. 지인들에게 보내는 그녀의 '마지막 편지'였다.

'나는 나그네 길을 즐겁게 여행했었죠.
내게는 언제나 꿈이 있었습니다.
선생으로써 아이들을 가르치며
오히려 그들에게서 많은 것을 배웠답니다.
아이들은 짜증을 냈다가도
금방 작은 것에 기뻐할 줄 압니다.
나도 작은 것에 만족하고
미소를 잃지 않으려고 노력했었죠.
최선을 다해 열심히 살았고
항상 배우기를 사랑했었답니다.
그래서 행복했었습니다.'

그녀의 '마지막 편지' 내용은 오랫동안 내 가슴에 남아 있을 것 같다.

사랑을 위해 걷는다

여성들의 암을 위한 캠페인이 매년 어머니날을 기해 레블론 화장품 회사 주최로 로스앤젤레스 콜로세움에서 대대적으로 열린다.

이 행사 이름은 〈Revlon Run/Walk〉라고 하며, 1994년 암 생존자 릴리 Tartikoff와 Revlon 화장품회사 회장 Ronald Perelman에 의해 설립되었다.

행사 목적은 암 생존자와 기여하고자 하는 사람들에게 3마일 달리기나 또는 걷기 행사이다. 로스앤젤레스와 뉴욕시에서 매년 행사가 열리며 종종 유명한 사람들도 참석한다. 모든 수익금은 암, 특히 유방암, 난소암,

자궁암과 같은 여성의 암에 대한 인식, 연구, 환자 상담 및 홍보 프로그램에 사용된다.

2005년 5월 2일, 37세밖에 안 된 내 딸 수잔이 자궁암이라는 청천벽력 같은 선고를 받던 날…. 7세, 5세짜리 딸과 겨우 돌이 지나 아직도 엄마 젖을 찾는 아들이 있는데…… 둘이 다 젊고 건강해서 부러운 것 없는 행복한 삶을 살고 있었는데…… 힘들고 어려운 시간을 어찌 말로 다 할 수 있었을까? 왠지 내가 잘못해서 내 딸이 병이 난 것만 같아 나는 밖에 얼굴을 들고 다닐 수가 없었다.

힘든 투병 생활을 끝내고, 그다음 해부터 수잔은 주위의 친구들에게 '레블론 런/워크'에 참석하자는 간절한 편지와 도네이션을 부탁했다.

2006년 5월 12일에 새벽 5시 30분, 손주들이 다니는 초등학교 앞에서 팀 멤버들이 모이기로 했다. 팀 중에 딸네와 친한 친구가 도네이션을 해줘서 스쿨버스를 빌렸고, 그 친구 가족들은 이미 커피와 도넛을 준비해놓고 팀들을 아침 인사로 맞았다. 감동이었다. 모두 아이

들까지 40여 명이었다.

새벽잠에서 덜 깬 아이들은 신나는 여행이라도 가는 것처럼 떠들고 낄낄대고 어른들은 또 어른대로 행복한 잡담을 나누고 있었다. 나 혼자 맨 앞자리에 앉아 지난 한 해를 어찌 지냈는지…… 감회에 젖어 눈물이 났다. 만 가지 생각을 하다 보니 행사장에 도착했다.

7시가 조금 넘은 시간인데, 로스앤젤레스 콜로세움에는 참석자들로 인산인해를 이루어 발 디딜 틈이 없었다. 모두 5만여 명이 모였다고 했다. 여기저기에서 팀의 캡틴은 피켓을 들고 멤버들을 챙기고 있었고, 그룹마다 울긋불긋 유니폼이 아름다웠다. 어느 그룹은 핑크 깃털 모자에 부츠를 신고, 마치 K-Pop을 방불케 하는 모습으로 춤을 신나게 추고 있었다. 완전 파티 분위기였다. 나는 생전 처음 참석하는 행사라 감을 잡을 수가 없어 엉거주춤한 상태였다.

우리 팀장인 수잔은 흰 티셔츠를 본부에서 받아 짙은 하늘색으로 염색을 해서 팀들에게 입혔다. 유니폼은 화창한 봄 날씨에 잘 어울렸고 눈에 확 띄어 팀에서 이탈될 염려가 없었다. 참가비는 일인당 35불이며 로고가 있는 티셔츠와 번호표를 받게 된다.

간단한 개회식과 암을 이겨낸 생존자들의 경험담이 끝나고 9시부터 출발해서 3마일을 뛰거나 걷는다. 유모차를 밀고 가는 젊은 부부들, 휠체어를 밀고 가는 가족들, 가슴에는 모두가 번호판을 달고 등에는 누구누구를 위해서 이 대회에 참석한다는 글, 또는 암을 이겨낸 생존자들이 무슨 암을 몇 년째 이겨내고 당당하게 살고 있다는 글. 나는 그 글들을 읽느라고 몇 번이나 넘어질 뻔했다. 모두가 행복한 표정이며 서로에게 격려를 하는 모습들이 아름답고 대단해 보였다.

큰 축제 속에 나 혼자만 외롭고 쓸쓸하게 참석을 하고 있는 이방인 느낌이 들었다. 누구를 위해 걷는다는 푯말도 달지 못하고 번호판만 가슴에 겨우 달고 걸었다.

딸은 당당하게 그동안의 사연을 자세하게 적어 등에 크게 써 붙이고 씩씩하게 걷고 있다. 나는 딸 뒤를 쫓아가며 그 사연을 가리고 싶었다. 왜? 힘들었던 지난 일들을 남에게 알려야 할까.

그런데 50세쯤 돼 보이는 예쁜 여자의 등판에 쓴 사

연이 내 눈에 들어왔다. 자궁암과 유방암을 이겨낸 지가 30년이 지났다는 글이었다. '30'이라는 숫자를 보는 순간 내 눈이 확 떠지며 가슴이 두근거렸다.

그 숫자에 내가 이렇게 위로를 받는데 암 생존자들에게는 얼마나 큰 위로가 될 것인가. 나는 내 딸의 푯말을 가리고 싶었던 알량한 속마음을 누가 알까봐 가슴에 손을 얹었다. 나 자신이 부끄러웠다. 죄를 지은 것도 아닌데…….

갑자기 당당하게 걸어가는 내 딸의 모습이 자랑스럽고 커 보였다.

'사랑하는 아내를 위해서'라고 등판에 써 붙이고 돌 지난 아들의 유모차를 씩씩하게 밀면서 걸어가는 사위의 어깨가 든든해 보였고, 두 손녀 등에 붙인 '사랑하는 엄마를 위해서'라는 푯말이 하트 안에서 빤짝빤짝 빛났다.

2006년에 시작해서 7년째 참석하고 있는 나에게 올해 행사는 어느 때보다 뜻깊고 더 힘이 났다. 딸은 암에서 완치됐고, 암 투병을 겪은 친구 세 명과 또 그들을 위해서 참가하고 싶다는 다른 친구 세 명, 모두 여섯 명이 함께 갔다. 친구들과 처음으로 함께한 것도 의미가 있었지만, 유모차를 탔던 손자가 여덟 살이 되었는데 자기는 앞으로 평생 이 행사에 참석할 거라며 씩씩하게 걷는 모습에서 희망을 보았기 때문이다.

암 정복을 위한 연구기관이 많고 그들을 위해서 많은 모금 운동이 활발하지만, 오늘도 주위에서는 나이에 상관없이 암 환자들이 늘어만 가고 있는 현실이다.

끝나고 나서 모두 이구동성으로 하는 말이 이런 행사에 참석할 수 있는 자체가 행복하고 감사하다며 상기된 얼굴에 환한 미소가 번졌다. 내년에는 더 많은 분들이 이런 행사에 사랑하는 마음으로 누군가를 위해서 동참하기를 바라며.

어느 아름다운 은퇴 파티

모월 모시에 은퇴 파티를 한다는 포스터가 한 달 전부터 직장의 게시판에 올려졌다. 한 명도 아니고 다섯 명이었다. 나는 파티를 별로 좋아하지 않는 편이라 망설였다. 하지만 한국 동료가 세 명이나 되고 평소 가까이 지냈던 사이라 꼭 참석해야겠다는 마음을 먹었다.

파티장에는 백여 명이 넘게 모여 분위기가 떠들썩하고 활기가 넘쳤다. 다섯 명 모두가 왕관을 쓰고 직장 이름이 새겨진 파란 띠를 어깨에서 허리로 걸쳤다. 왕관은 생일파티에 아이들이 쓰는 반짝이 플라스틱이었다. 꽃다발을 안고 단상에 앉아 있는 모습이 마치 미스 인터내셔널 패전트 같았다. 어찌 보면 유치하기도 하지만 주최 측의 기발한 발상에 모두가 재미있어했다. 그들의 얼굴은 하나같이 상기되어 아름답게 보였다. 차례대로 한마디씩 소감을 말했다.

한국인 동료 K는 3월에 60세가 됐다. 나이 60이라지만 건강하고 실제로 너무나 젊었다. 25년이란 긴 세월 동안 성실히 일을 해내고 은퇴를 하게 됐다. 25년을 채우게 되면 100% 의료보험 혜택을 받기 때문에 웬만하면 그 햇수를 채우려고 노력을 한다.

은퇴 후 그는 요리학원, 꽃 가꾸기, 여행 등을 할 거라며 꿈에 부풀어 소감을 말했다. 인생은 육십부터라는 말을 실제로 즐기게 되어 기쁘다고 해서 모두의 부러움을 샀다.

또 다른 한국인 동료인 J는 19년째 일을 하고 있던 차에 갑자기 어느 날 위암이라는 진단을 받았다. 낙천적인 성격이라 누구하고도 잘 지내 대인 관계가 퍽 원만한 동료다. 그가 위암으로 투병을 한다는 말에 동료들 모두가 놀랐다. 암이 생기는 원인을 누군들 알 수 있을까.

암을 이겨낸 J는 잔잔한 미소를 띠며 또박또박 이렇게 말했다.

"25년을 채우고 은퇴를 하려고 했는데 갑자기 위암이란 말을 듣는 순간 아! 이제는 모든 게 끝났다. 일만 하다가 가는구나! 그런 생각이 들어 많이 억울했었는데, 병이 다 낫고 이제 25년은 못 채웠지만, 은퇴를 하게 되어 너무 감사하다. 앞으로 새로운 삶을 다시 시작하려 한다."

그녀의 감동적인 말에 모두가 힘찬 박수를 보냈고 '부 라 보'를 외쳤다. 나는 그녀가 얼마 전부터 봉사활동을 열심히 하고 있다는 것을 알고 있다.

다음은 휠체어에 앉아있는 마리에게 모두의 시선이 집중됐다. 마리는 히스패닉이며 간호사였다. 분위기는 찬물을 끼얹은 듯 조용했다. 그녀의 고개는 옆으로 삐딱하게 기울어졌지만 계속 기쁜 표정으로 웃고 있었다. 저렇게 깨어나 휠체어에 앉아 있는 것만도 기적이다.

마리는 세 번째 아이를 낳은 후 뇌혈전증으로 콤마 상태에 빠졌다. 시간이 일이 년 지나 모두의 기억에서 거의 잊혀졌다. 그런데 그 후 놀랍게도 의식이 깨어나 언어소통은 불가능해도 휠체어를 타고 본인의 은퇴 파티에 참석했다.

함박꽃 같은 웃음을 띠고 앉아 있는 모습이면 됐지 무슨 말이 필요하겠는가. 남편이 대신 마이크를 잡고 말했다.

"사랑하는 나의 아내는 죽었다가 다시 살아났다. 오늘 이 자리에 있는 현실이 꿈만 같다. 세 아이 옆에 엄마가 있어 줘서 날마다 감사하다. 나의 아내도 분명 나와 똑같은 마음일 거라 믿는다. 모두에게 감사하다."

청중들은 약속이나 한 듯 기립박수를 보내며, 감동의 눈물을 흘리는 이들이 많았다. 남편도 아이들도 엄마를 아내를 들여다보며 웃고 있는 모습이 이 세상에서 가장 아름다운 모습으로 보였다. 저런 행복한 표정을 짓고 휠체어에 앉아만 있어도 되는 엄마의 존재.

문득 스물아홉 살에 마리와 똑같은 증상으로 둘째를 낳고 다음 날 세상을 훌훌히 떠나버린 여동생이 그녀의 얼굴에 오버랩 되었다. 언니가 있는 미국에 유학을 오겠다는 동생을 극구 말렸던 나, 오랫동안 자책에서 헤어나지를 못했었다. 지금만 같아도 의술이 발달되어 마리처럼 아이들 곁에 있어 줄 수는 있었을 텐데…….

가기를 망설였던 은퇴 파티에서 나는 많은 것을 느꼈고 또 마음이 따뜻해졌다. 어떻게 끝마무리를 지을 것인지 생각해보게 된다.

뒷모습이 아름답고 싶은 바람이 있기에.

꽃배나무

직장의 주차장이 빌딩 앞쪽에서 뒤쪽으로 바뀌어졌다. 기존에서 조금이라도 바뀐다는 것은 일단 부담이 되는 일이기에 내게도 여간 불편하지 않았다. 더군다나 정문 입구에서 멀어져 전보다 일찍 집에서 떠나야 한다. 말이 그렇지 타임카드를 꼬박꼬박 찍어야 하기 때문에 아침 시간 일이 분은 금쪽같은 시간인 것이다.

얼마 동안은 불평으로 투덜대느라 주위를 둘러볼 마음의 여유가 없었다. 내 마음이 불편하니 앞만 보고 입구를 향해 가기에 급급했다.

두어 달이 지난 후에야 조금씩 주위에 관심이 가기

시작했다. 전에는 전혀 눈에 띄지 않았던 수십 그루의 꽃배나무가 빌딩과 주차장 사이에 줄지어 서 있는 것이었다. 언제부터 이곳에 꽃배나무가 있었던가 싶다.

그동안 눈길 한번 주지 않았던 꽃배나무 가지를 찬찬히 들여다보았다. 어느덧 하얀 꽃망울이 눈을 반짝이며 가지마다 촘촘히 매달려 있었다. 추위를 이겨내고 첫눈을 뜨기 시작한 것이다. 자연의 순리대로 나무들도 때가 되면 묵묵히 자기 할 일을 해내고 있는 것일 게다. 생명의 생동감이 가슴에 싸하게 와 닿았다.

고개를 들어 주위를 둘러보았다. 아름다운 산이 병원 뒤로 병풍처럼 펼쳐져 있었다. 2년여 동안 출근을 하면서 이런 아름다움을 전혀 눈치채지 못하고 바쁘게 일에 얽매여 있었던 것이다.

오솔길도 눈에 들어왔다. 그 길을 걸어보고 싶은 충동에 가슴이 벅찼다. 여기저기에서 봄이 오는 소리가 두런두런 들리는 것 같았다. 쉬는 시간에 밖에 나와 잠깐이라도 꽃배나무와 대화를 하고 싶어졌다.

날마다 답답한 책상 앞에서 일만 할 것이 아니라 시간을 내보기로 했다. 하루는 쉬는 시간을 틈타 따뜻한 찻잔을 들고 꽃배나무를 따라 걷기 시작했다. 어디선가 꽃내음, 풀 향기가 어우러져 코끝을 싱그럽게 했다. 머릿속이 맑아지며 기분이 상쾌해졌다.

꽃배나무 하얀 꽃이 눈부시게 피어있는 어느 화창한 날, 점심시간을 이용해 미리 준비해 온 김밥과 보리차를 가지고 호화로운 산책에 나섰다. 신선한 공기를 맘껏 들여 마시니 마음도 몸도 날아갈 것 같았다. 연초록의 파릇파릇한 풀잎들이 다투어 일어나는 듯 속삭이고, 여러 종류의 야생화들이 기지개를 켜기 시작하고 있었다. 그 사이를 벌새가 분주하게 날다가는 한곳에 머물러 파르르 날개를 떨고 있기도 했다.

이렇게 봄의 잔치가 열리고 있는 줄도 모르고 나는 지루하고 탁한 사무실에 갇혀 8시간을 힘들게 지냈구나 하고 잠시 후회를 했다. 정오의 해가 싱싱한 나뭇잎 사이로 어슷어슷 비치는 그늘 아래 나무 벤치가 놓여 있었다. 오랫동안 방치된 거무튀튀한 벤치는 많은 추억을 안고 누군가를 애타게 기다리고 있는 듯했다. 이 벤치는 한때 어느 외로운 이의 벗이 되었을 수도 있고 또

폐를 앓고 있던 젊고 아리따운 여인의 애인이 앉았던 자리였을 수도 있다. 이런저런 생각을 하며 나는 잠시 낭만에 젖어보기도 했다.

아름다운 산속에 자리 잡고 있는 이 병원은 전에는 결핵 환자들의 요양소였다고 한다. 어쩐지 뛰어난 주위 환경이 여느 병원과 달랐다. 결핵은 특히 공기가 좋은 곳에서 요양해야 하는 병이라 산이 좋은 이곳이 적격이었을 것이다. 상념에 젖어 있다 보니 평생을 이 병원에서 일하다가 은퇴한 어느 간호사가 들려준 이야기가 문득 생각났다.

28세 된 남미계통의 아름다운 결핵 환자가 있었다. 그녀는 세 아이와 남편을 둔 여자였다. 폐병 말기로 접어들어 죽기만을 기다리고 있었다. 혼자 있는 병실의 커튼은 언제나 닫혀 있었고 그녀는 담요를 얼굴까지 뒤집어쓰고 늘 죽은 듯이 누워있었다. 병실은 음산했고 방문하는 사람도 없었다. 남편은 직장에 다니며 세 아이 뒷바라지에 분주한 탓이었는지 어쩌다 방문을 했다가도 금세 병실을 떠나버리곤 했었다.

간호사들은 그 환자의 방을 피하고 싶어 했다. 그 까다로운 성격에 모두가 진절머리를 내고 있었다. 자기의 병을 고칠 수 없다는 것이 마치 의사나 간호사들의 탓인 양 불평불만을 해댔기 때문이다. 간호사들은 희망이 없는 환자들에게서 나타나는 거부반응으로 알고 적당히 회피하곤 했다.

어느 날 그녀의 병실에 들어간 간호사는 깜짝 놀랐다. 커튼이 활짝 열린 방은 환했고 환자의 얼굴은 근래 없이 밝았다. 열린 창틈으로 스며들어온 꽃배나무 꽃향기가 은은하게 방안을 감돌고 있다. 창밖의 봄 잔치를 꿈울 꾸듯 바라보고 있는 그녀의 모습은 환상적이었다. 누군가를 기다리는 듯 그녀의 눈동자는 촉촉하게 젖어 반짝이고 있었다. 폐병 환자 특유의 증상으로 오후가 되면 미열이 올라 홍조를 띤 얼굴이 더 예뻐 보였다.

모두 누가 나타날 것인가 하고 관심들을 갖고 있었다. 오후가 되자, 얼마 전에 이 병원의 환자였던 한 남자가 꽃다발을 들고 찾아왔다. 그는 젊은 나이에 전립선암을 앓고 있는 대학교수였다. 그의 눈동자는 깊고 우수에 차 일찍 타계한 고독했던 어느 배우를 연상할 만큼 인상적이었다.

그는 그녀의 휠체어를 밀고 꽃배나무 꽃이 눈송이처럼 흩날리는 오솔길을 말없이 산책했고, 나란히 벤치에 앉아 도란도란 이야기도 했었다. 그녀의 모습은 마치 꽃 면사포를 쓰고 있는 신부의 모습같이 아름다웠다.

그는 이 병원에 항암치료를 받으러 올 때마다 그녀를 방문했다. 점점 그녀의 표정이 바뀌기 시작했다. 그가 오는 날은 아침부터 커튼이 열려 병실은 밝고 활기찼으며 그녀의 얼굴엔 생기가 돌았다. 기다림이 그녀에게 희망을 가져다 준 것이다. 완전히 바뀐 그녀의 분위기는 주위 사람들에게 기쁨을 주었고 신선한 자극으로 다가왔다. 두 사람의 데이트를 아무도 뭐라고 말하지 않았고 동병상련의 아픔을 안고 있는 그들의 모습은 오히려 보는 이들의 마음에 연민을 자아내게 했다.

가을이 되어 꽃배나무 이파리가 한 잎 두 잎 빨갛게 물들기 시작했다. 금방 낙엽으로 떨어지지 않고 마지막 열정으로 불태우고 있는 꽃배나무, 열매 맺지 못한 한을 온몸으로 붉게 태우고 있는 나무는 그들의 사연을 담아 더 붉게 타고 있는 것 같았다.

그들은 그렇게 이파리로 맥없이 떨어지기보다는 무언가 순수한 사랑을 건강한 사람들에게 선물하고 싶었는지도 모른다. 육체의 고통을 넘어 영혼으로 사랑하는 마음을 보여준 그들은 꽃배나무의 진리를 알고 있었던 것일까.

가장 예쁜 색깔로 물든 이파리 하나가 반짝하고 그녀의 미소로 비친다.

<나의 개인전 1966년>
-故 정희숙 개인전에 앉아 있는 모습을 어느 화가가 그림

3부

보이지 않는 사랑의 손

자식이 나이를 먹으면 앞에서 이끌려 하지 말고 뒤에서 묵묵히 바라보고 그들 스스로가 판단하게 믿고 맡겨야 된다는 것도 잘 알지만, 부모의 마음은 그렇지가 않다. 내가 만일, 나의 어머니가 했듯이 내 자식들한테 했더라면 어땠을까.

제비꽃 어머니

사월 초, 서울은 한창 봄의 문턱에 들어서고 있었다. 인천공항에서 서울 시내로 들어가는 고속도로를 따라 벚꽃, 진달래, 개나리가 한꺼번에 만발해 있었다. 차 안에 앉아 있어도 꽃내음이 향긋하게 스며들어와 가슴이 두근거렸다.

봄은 사람의 마음을 들뜨게 하고 슬프게도 한다. 또 온 세상에 향기를 내뿜어 우리의 마음을 따뜻하게 어루만지기도 했다. 어디선가 행운이 올 것만 같아 전화벨 소리에 귀 기울이게 되고 우편함을 체크하게 된다. 행인들은 칙칙하고 두꺼운 옷을 벗어버리고 파스텔컬러의 옷으로 상큼하게 차려입고 거리를 활보한다.

봄을 무척 좋아하셨던 어머니 생각이 났다. 어머니가 돌아가신 지 사년만의 한국 방문이었다.

다음 날, 어머니 산소에 가기 위해 두 여동생과 함께 아침부터 부산스럽게 서둘렀다. 산소로 가는 길에도 개나리, 진달래가 만발해 있어 온 세상이 꽃 속에 있는 것 같았다. 서울의 봄은 환상이었다.

어젯밤 꿈에 어머니와 함께 걸었던 길 같기도 했다.
벚꽃이 흰 눈송이처럼 흩날리는 끝없는 길이었다.
아! 꽃이 몽땅 내 가슴으로 밀려들어 와
꿈에서도 잠깐 정신이 아찔했다.
어머니를 바라보니 머리에도 눈썹에도
꽃 이파리가 눈꽃처럼 내려앉아
화사하다 못해 슬펐다.
어머니는 꽃 너울을 쓰고 걷다가
나를 애잔한 듯 바라봤다.
봄볕에 눈이 부셔서인지
어머니의 눈가에 주름이 자글거렸다.

표현력이 뛰어났던 어머니이지만
꿈에서는 아무 말이 없었다.

생전에 어머니는 보라색을 좋아하셔서 옷 색깔도 꽃도 주로 보라색을 선호하셨다. 그래서인지 나도 보라색을 좋아하게 되었다.

서두르다 보니 꽃을 미리 준비하지 못해 공원묘지 입구 꽃집에 차를 세웠다. 그동안 밀렸던 이야기에 정신이 빠져 꽃 사는 것을 잊어버렸다. 미리 사두지 못한 것을 잠시 후회했다.

우리들은 제 나름대로 어머니의 꽃을 고르고 있었다. 보라색 난초가 내 눈에 확 들어왔다.

와! 바로 저 꽃이다.

나는 보라색 난초가 담겨 있는 큰 플라스틱 통 앞으로 갔다. 꽃을 보자마자 너무나 반가워 덥석 한 움큼 집어 들었다.

이게 웬일인가? 향기 없는 조화였다. 신기하게도 멀리서 보니 진짜 꽃 같아 감쪽같이 속았다. 꽃잎이랑 잎사귀를 하나하나 만져보았다. 촉감은 부드러웠지만, 생명력은 전혀 느껴지지 않았다. 더 놀라운 일은 이 꽃집에는 생화보다 조화가 더 많다는 사실이다.

"아니! 아줌마! 어떻게 생화보다 조화가 더 많아요?"

꽃집 아줌마는 뜨악한 표정으로 나를 바라봤다. 한번 꽂아놓으면 일 년 열두 달 꽃 걱정 안 하니 요즘엔 모두 조화들을 선호한다고 했다. 생화라고는 고를 만한 꽃이 없어 아줌마한테 맡겨버렸더니, 흰 국화와 촌스러운 연분홍 카네이션을 섞어서 한 다발 안겨준다.

나는 왠지 카네이션에는 정이 안 간다. 어머니날에 옷깃에 달아주는 조화가 싫었다. 그래서인지 온갖 꽃을 정원에 다 심었어도 카네이션만은 절대로 심지 않았다. 심겨있는 것도 조화 같기만 해서였다.

그런데 때도 아닌 국화에다 카네이션 몇 송이를 섞어 꽃다발을 만들었으니…….

동생들은 이곳 사정을 모르는 언니를 배려하느라, 마침 다음 달에 어머니날이 다가오니 미리 잘 되었다고 변변찮은 위로를 나에게 했다. 미리 준비 못 한 불찰을 모두가 후회하며 묘지로 향했다.

먼 곳에서 보니 봉긋봉긋한 묘 앞에 꽃들이 놓여 있

었다. 그런데, 가까이 가서 보니 네모 난 유리 상자 속에 조화가 은퇴한 배우의 옷장에 걸려 있는 색 바랜 옷처럼 후줄근하게 갇혀 있었다. 그 꽃이 눈이 오나 비가 오나 사시사철 무덤을 지키고 있다는 사실이 더 초라하고 슬퍼 보였다.

조화나 생화가 무슨 의미가 있을까마는 그래도 조화가 없는 것보다는 낫다는 우리들의 게으른 생각이 아닐까 싶다.

꽃을 유난히도 좋아하셨던 어머니한테 죄송하기가 이를 데 없었다. 우리는 볼품없는 꽃을 비석 앞에 묻혀 있는 빈 항아리에 물을 붓고 꽂았다.

그런데, 이게 웬일인가? 비석 옆쪽으로 보라색 꽃 한 무더기가 작은 꽃다발처럼 오붓이 피어 있지 않은가! 어머니가 누워 계신 위치로 봐서 오른손 쪽쯤 되지 않을까 싶었다.

보라색 제비꽃!

우리들은 너무나 놀라서 모두 그곳으로 머리를 들이밀었다. 신기하고 놀라웠다. 살아 계셨을 때도 어머니 집엘 가면 큼직한 백자에다 보라색 꽃들을 탐스럽게 꽂아놓고 '저 꽃 좀 봐라!' 하셨던 어머니였다.

분명, 몇 년 만에 객지에서 돌아온 딸을 위해 어머니께서는 스스로 꽃을 피우셨으리라!

어머니의 이민 가방

한국에 계신 어머니를 2주 동안 뵙고 미국으로 돌아가는 날이었다. 새벽 다섯 시에 잠이 깨니 으슬으슬 몸살 기운이 돌았다. 이번에 어머니와 헤어지면 이제 몇 번이나 더 뵐 수 있을까 하는 생각으로 잠을 설쳤나 보다.

몸살을 눈치챈 어머니는 빈속인데도 판콜 하나를 기어코 먹인다. 밤에 내복 안 입고 자서 감기 들었다며 아침부터 성화시다. 어머니 앞에서 나는 재채기도 마음대로 못한다. 팔십이 넘은 어머니는 아직도 나에게 양말 신어라, 속옷 든든히 입어라, 참견을 해 가끔은 너무 짜증이 났다. 나도 모르는 사이에 '엄마! 내 몸 내가 알아서 하게 내버려 둬 좀.' 하고 화를 내버리고 만다. 어머니는 섭섭해서 토라져 버리시고 나는 또 내 인내심 없음을 후회하게 된다. 어머니를 뵈러 왔기 때문에 있는 동안만이라도 어머니의 뜻대로 해드려야겠다는 다짐과는 달리 일이 번번이 틀어지고 만다.

갑자기 미국에서 살고 있는 내 아이들 생각이 났다. 나는 자식들에게 내 의견이나 내 뜻을 강하게 밀어붙이지를 못한다. 그래도 자식들은 엄마가 자기네들의 인생을 컨트롤하려고 한다며 말문을 막아버린다. 어떻게 된 일인지 우리 아이들은 두 번 말하면 열 번 말했다고 하는 바람에 좋아하는 음식을 해놓고도 더 먹으라는 말도 못 하고 눈치만 보게 된다.

자식이 나이를 먹으면 앞에서 이끌려 하지 말고 뒤에서 묵묵히 바라보고 그들 스스로가 판단하게 믿고 맡겨야 된다는 것도 잘 알지만, 부모의 마음은 그렇지가 않다. 내가 만일, 나의 어머니가 했듯이 내 자식들한테 했더라면 어땠을까. 아마도 매일 불화가 났을 것이다. 시행착오를 범하더라도 그들의 뜻을 존중하고 믿는 것이 현명한 처사라는 생각이 든다.

가끔 한국을 나가봐도 세상이 많이 변해가고 있다는 것을 피부로 느끼는데, 한국적인 관습에서 자란 1세들과 미국에서 자라고 있는 2세들과의 문화적인 격차는 어쩔 수가 없는 것 같다.

2주 동안 어머니와 오붓하게 잘 지내려던 계획은 무너지고 틈만 있으면 나는 친구들과 시간을 보내느라 정신이 없었다. 그날도 친구들을 만나고 들어왔더니, 어머니는 온종일 쪽파, 고들빼기를 혼자서 다듬다 피곤했는지 그 자리에 엎드린 채 주무시고 계셨다. 앙상한 어깨에 조각 이불을 덮어 드리고 나니, 자식을 일곱이나 두었어도 말년을 혼자 외롭게 지내고 계시는 모습에 마음이 아팠다.

떠나오기 전날, 어머니가 준비해 놓은 이민가방은 예외 없이 등장한다. 체크무늬 이민 가방은 지퍼로 사이즈를 늘렸다 줄였다 할 수 있고 무엇이든지 쑤셔 넣는 대로 들어가 편리하기는 하다. 어머니는 가방 손잡이에 빨간색, 노란색 헝겊으로 묶어놓아 눈에 띄게 해놓는다. 복잡한 체크무늬에 울긋불긋한 끄나풀이 산발한 무당 머리채 같다.

로스앤젤레스 한국 시장에는 없는 것이 없다고 해도 어머니는 토종과 맛이 다르다며 고집을 부리신다. 고추를 하나하나 마른행주로 닦아 방앗간에 가서 빻은 고춧가루, 손수 담그신 노란 햇된장을 비닐 백에 넣은 다음 플라스틱 통에 담아 가장자리를 테이프로 친친 감는다. '나보다 짐 더 잘 싸는 사람 있으면 나와 봐라' 하시며 신바람 나게 싸시니 아무도 말릴 수가 없다. 자식들에게 줄짐을 쌀 때가 어머니에게는 가장 행복하고 즐거운 순간이라는 것을 알면서도 마음이 편치가 않다. 밤에 끙끙 앓느라고 잠을 못 주무시기 때문이다.

제발 다음부터는 그만하시라고 자식들이 성화를 해도 어머니는 '죽을 때는 짐 안 싸고 빈손으로 갈 테니 걱정하지 마라'고 엄포를 놓아 우리들을 꼼짝 못하게 했다.

결국은 어머니 소원대로 싼 이민 가방을 싣고 공항에 가는 차 안에서, 어머니는 화들짝 놀라며 '너 사루마다 입었냐?' 하고 느닷없이 묻는 것이 아닌가. 앞에 앉은 기사와 남동생이 동시에 뒤를 홱 돌아보았다. 나는 얼떨결에 여권이랑 비행기 표가 들어 있는 핸드백으로 손이 먼저 갔다.

전날 어머니는 싫다는 나에게 비행기 값을 부득부득 주셨다. 어머니는 속옷에 헝겊을 대 호주머니를 만든 다음 그 돈을 안에 넣고 주둥이를 꿰매버렸다. 자식이 많다 보니 이 일은 둘만의 비밀이라고 신신당부해놓고 나중에 알고 보면 다른 형제들한테도 다 똑같이 하셨다.

비행기 안에 자리를 찾아 앉으니 다시 열이 나고 몸이 쑤셨다. 핸드백을 열었더니, 판콜, 훼스탈, 청심환까지 몰래 들어와 있었다. 생전 먹지 않던 감기약 판콜을 또 마시니 정신이 어릿해지며 감겨오는 눈에 어머니가 떠올랐다. 무릎이 아파 절뚝거리며 아무도 없는 텅 빈 집을 향해 걸어가는 어머니의 모습에 가슴이 저려왔다.

로스앤젤레스 내 집에 돌아왔다. 촌스러운 이민 가방 안에는 어머니의 손끝 맛으로 간을 맞춘 음식이 가득 들어 있었다. 여독에 비실비실하다가도 쌉스름한 고들빼기김치에 입맛이 돌아오고, 손수 만든 유자차를 끓여 어머니와의 추억을 몇 방울 똑 떨어뜨려 마시고 나면 기운이 절로 났다. 씹을수록 차지고 쫀득쫀득한 쑥떡을 오래오래 입안에서 음미하며 어머니 생각을 하니, 갑자기 옆에서 '꼭꼭 씹어 먹어라' 하는 어머니의 목소리가 들리는 것 같았다.

어머니가 싸주신 촌스런 이민 가방을 바라보고 있자니, 어머니가 평생 살아온 뜻이 그 가방에서 새록새록 피어나고 있었다. 결코 나를 위한 삶이 아닌 가족과 이웃을 위한 삶. 이 가방에도 이웃들에게 어머니의 정성을 맛보게 할 넉넉한 마음이 들어있다는 것을 깨닫게 되었다.

피곤해 있던 몸은 어느새 날아갈 듯 가벼워지고 시차로 흐릿했던 머릿속이 맑아지며 초대할 이웃들의 환한 모습이 떠올랐다. 가져오느라 힘들었던 이민 가방은 힘든 만큼 나에게 큰 의미로 다가오고 있었다.

나는 과연 어떤 종류의 이민 가방을 내 자식들에게 싸줄 것인가.

보랏빛 내 동생

며칠 동안 봄비가 내리더니 오늘 아침은 날씨가 유난히도 상큼하다. 파란 잎으로 담장을 덮고 있던 라일락 덩굴에 어느새 연보라색 휘장을 쳐놓은 듯 눈부신 등꽃이 만발했다. 겨울을 훌훌 떨쳐버리고 일 년에 한 번씩 봄 무대를 장식해주는 라일락, 등꽃의 화사함에 나의 가슴은 싸해진다.

가까이 가서 깊은 애정으로 수없이 붙어 있는 작은 꽃 송아리들을 찬찬히 들여다봤다. 아주 작은 보랏빛 꽃잎 사이에 연초록 수술 두 개가 고개를 쫑긋 내밀었다. 꽃들의 무리가 줄기를 따라 촘촘히 매달려 예쁜 얼굴을 맘껏 뽐냈다. 꽃송이 하나하나가 어쩌면 그리도 앙증맞고 예쁜지 누군가를 불러 같이 보고 싶은 마음이 저절로 들었다.

벌새가 내 마음을 눈치를 챘던지 가까이 와 친구가 되어준다. 숨을 죽이고 새의 움직임을 보았다. 그 작은 날개를 파르르 떨며 꽃송이마다 빠짐없이 입맞춤을 해줬다. 벌새 꽁지 부분 색깔이 보라 빛, 쪽빛, 오렌지빛이었다. 햇빛 반사에 따라 다른 색깔로도 보였다. 물감을 들인들 저렇게 아름다울까.

문득 황홀한 보랏빛 속에서 젊은 나이에 세상을 떠난 여동생의 얼굴이 떠올랐다.

스물아홉이라는 꽃다운 나이에 훌훌히 떠난 가엾은 동생. 나는 그 동생을 잃고 세상의 슬픔을 처음 알게 되었다. 여덟 살이라는 나이 차에도 우리는 무엇이 그리도 통했던지 끝없는 이야기로 밤새는 줄도 몰랐다.

화가였던 동생은 야산을 찾아다니며 산과 나무를 그렸고 꽃도 새도 그렸다. 나는 보호자로 열심히 좇아다니며 〈산유화〉를 읊었고 〈안나 카레리나〉, 〈바람과 함께 사라지다〉 닥치는 대로 읽었다. 동생이 캔버스에 그림을 그리는 양만큼 나는 책을 읽다가 뉘엿뉘엿 해가 질 무렵에 집으로 돌아왔다.

어머니가 담가 놓은 포도주를 몰래 훔쳐다 마시며 밤 깊도록 꿈을 맘껏 펼쳐 놓곤 했었다. 그때의 진 보라색 포도주 색깔은 우리들의 꿈만큼이나 아름다웠다.

동생은 물론 화가이니 색깔에 민감했지만 나는 덩달아 색깔에 마음을 빼겨 당치도 않게 '저 쪽빛 하늘 좀 봐!' 해서 동생을 웃기곤 했었다. 동생은 꿈을 화폭에 담았고 나는 책갈피에 꿈을 접어 넣었다. 인생의 가장 아름다웠던 추억으로 남겨질 줄도 모른 채 우리는 그 시절을 그렇게 만끽했었다.

그러다가 나는 결혼을 해 동생과 헤어져 미국으로 왔다. 언니가 가는 곳은 어디든지 미국까지도 따라오겠다는 동생을 나는 냉정하게 떼어 놓았다. 외딴섬에 혼자 와있는 외로움에 몸서리칠 때마다 나는 동생에게 끊임없이 편지를 써 보냈다. 속 깊은 동생은 인생을 나보다 훨씬 많이 살아온 것처럼 내게 용기를 주고 희망을 주곤 했다.

그 후, 동생은 미국에 오는 꿈을 접고 서울에서 결혼

을 했다.

제왕절개로 첫 딸을 낳았고, 두 번째도 수술로 아들을 낳았다. 친정집에는 아들이 귀해 아들이라는 소식을 듣고 온 가족들이 몰려와 잔치 분위기였다. 제부는 가족들에게 한턱을 잘 냈다.

그리고 다음 날, 동생은 홀홀히 세상을 떠나고 말았다.

다음 날 저녁때, 갑자기 침대에서 일어나다 어지럽다며 누워버렸다. 제부는 간호사를 불렀는데, 산후빈혈이니 오렌지 주스를 마시라 했다. 주스를 마시자마자 왈칵 토해버렸다. 그때야, 인턴이 뛰어오고 수술실로 옮겨졌지만 수술 의사도 공휴일이라 없으니 속수무책이었다. 가족들만 안절부절 초주검이 돼버린 상태로 바라만 볼 뿐이었다. 사망원인은 혈전증이라 했다.

제부는 가지색으로 변하는 동생의 발을 붙잡고 그 자리에서 혼절을 해버렸다. 그리고 시체실 앞에서 밤을 홀랑 새우며 깨어날 거라고 쪼그리고 앉아 아무도 옆에 오지 못하게 했다.

하늘이 무너지는 소식을 듣고 나는 동생을 미국으로

데려오지 못한 내 불찰을 후회했다. 만일 미국에 데려왔더라면 운명이 바뀌었을지도 모른다는 회한이 나를 오랫동안 괴롭혔다.

동생을 이 세상에서 다시는 볼 수 없다는 현실이 믿어지지 않았고 편지를 주고받을 수 없게 되었다는 사실이 나를 슬프게 했다. 봄에 다시 피는 꽃을 보고도 마음이 아프고, 다시 찾아오는 제비를 보고도 아팠다. 웃다가도 아프고 먹다가도 아프고 동생의 그림을 보다가도 아프고, 세상 모든 것이 슬프고 아팠다.

보고 싶어도 다시 볼 수 없는 동생은 가끔 꿈에서 만났다. 꽃들이 지천으로 많은 들판을 둘이는 맘껏 뛰어놀다가 갑자기 동생이 사라졌다. 나는 동생을 못 찾고 허망하게 꿈에서 깨어났다. 잠에서 깨어나면 눈이 젖어 있곤 했었다. 그런 날은 온종일 동생의 얼굴이 얼룩진 수채화로 내 마음에 슬프게 그리고 아프게 남겨졌다.

동생의 무덤을 보고 숨이 콱 막혔던 그 순간들을 나는 잘도 넘겼다. 동생의 죽음이 운명이었다는 결정을 내리기까지는 꼬박 삼 년이란 긴 세월이 걸렸다.

유난히도 보라색을 좋아했던 동생은 그림의 화풍도

짙은 보라색 톤을 많이 썼다. 떠난 뒤에 동생의 그림을 유심히 바라봤다. 자기의 죽음을 예측이나 했던 듯 그림의 화풍이 모두 어둡고 칙칙했다.

이 아침에 보라색 라일락, 등꽃을 보면서 나는 동생의 상념에 마냥 젖어들고 있다. 자꾸만 보라색 꽃 사이로 동생의 모습이 슬픈 연민으로 떠오른다. 아름다웠던 보라색은 동생이 떠난 후 내게 냉정하고 차가운 색깔로 다가왔다. 아름다움을 활짝 피어 보지도 못하고 나에게서 등을 돌려버린 동생. 하지만 나는 등 돌린 차가움을 가슴에 보듬고 따뜻하게 녹여주며 나도 보라색을 좋아해 보리라 마음을 먹는다.

동생은 꽃으로 또 벌새로 나에게 가까이 다가와 속삭인다.

"언니! 너무 슬퍼하지 마! 나는 항상 언니 마음에 있잖아."

동생과 나만의 화두는 사계절을 넘나들고, 그 모습 또한 내 마음에 영원히 살아 있다.

해나가 알려준 사랑

딸의 출산 날이 다가오고 있었다. 예정일에 맞추어 로스앤젤레스에서 뉴욕으로 가기로 일정을 잡아 놓았었다.

그런데 일정보다 일주일이나 빠른 어느 날 밤중에 사위한테서 전화가 걸려왔다. 진통이 시작되어 병원에 와 있다고 했다. 이곳 시간으로는 밤 열두 시였으나 그곳은 새벽 세시가 다 된 시간이었다.

그 후, 서너 시간이 지나도록 소식이 없어 나는 마음을 졸이며 전화통 앞에서 밤을 새웠다. 새벽녘이 다 되어 전화통이 부르르 떨며 자지러질 듯 울렸다. 그렇게 기다렸던 전화였건만 나는 겁이 나서 받지를 못하고 오히려 주춤했다가 심호흡을 한 다음 수화기를 들었다.

딸의 목소리가 아슴푸레 먼 곳에서 들려왔다. 목소리를 듣자 가슴이 벌렁거렸다.

"엄마! 걸으면 순산한다 해서 복도에서 걷고 있다가 엄마한테 전화를……."

겁먹은 목소리였다. 엄마가 필요하다는 목소리 같기도 했지만, 이 밤중에 달려갈 수가 있는 곳이 아니었다.

산고를 엄마도 없이 어찌 견딜까 생각하니 옆에 있지 못한 것이 안타까울 뿐이었다. 기다려도 전화가 오지 않으니 해볼 수도 없고 별일은 없을 거야, 스스로 위로하며 조바심을 내고 있었다.

드디어 열 두 시간 만에 딸을 순산했다는 기쁜 소식이 왔다.

그 다음 날 부랴부랴 뉴욕으로 달려가니 딸은 푸석푸석한 얼굴로 '엄마!' 하며 눈물을 글썽이며 아기를 내 품에 조심스럽게 안겨주었다. 어설프게 받아 안고 신기한 듯 나는 아기의 얼굴을 찬찬히 들여다보았다.

손바닥만 한 얼굴에 오목조목 이목구비가 또렷하고

갓난아기답지 않게 숱 많은 진갈색 머리칼은 끝만 웨이브가 졌다. 사위가 푸른 눈을 가진 미국사람이라 그런지 나면서부터 쌍까풀이 깊게 진 큰 눈이 얼굴을 다 차지한 것 같았다. 갓난아기가 웬 속눈썹이 그렇게 긴지 미국 인형에서 떼어다 붙여놓은 듯했다. 눈동자가 집안에서는 갈색인데 밖에 나가 햇빛에서는 파란색이라고 딸은 호들갑을 떨었다.

눈이 반짝반짝 빛났고 첫눈같이 곱고 아름다웠다.

이름도 예쁘게 '해나'라고 지었다 한다.

그런데 밤만 되면 해나는 줄곧 울어댔다. 배에 가스가 찼기 때문이라고 했다. 울 때마다 약을 먹이며 안고 달래느라 딸은 산후조리조차 제대로 할 수가 없었다.

그러던 어느 날 밤, 나는 딸을 쉬게 하려고 해나를 가슴에 꼭 안고 밖으로 나왔다. 한밤중인데도 뉴욕 도심지는 대낮만큼 밝았다. 택시의 질주, 바쁜 걸음들, 밤의 웅성거림이 로스앤젤레스와는 전혀 다른 분위기였다.

이상하게도 해나는 뉴욕 한복판에서 소음과 함께 태어나서인지 시끄러운 곳에서 더 잘 자는 것 같았다. 그래서 나는 밤마다 해나를 안고 아파트 근처의 거리를 서성이며 잠을 재우곤 했다.

답답한 작은 공간보다는 밖에 나오면 가슴이 탁 트여 시원했고 어디론가 가고 있는 사람들을 구경하는 것이 즐거웠다. 한국의 명동거리 같은 기분이 들어 더 친근감이 들었는지도 모르겠다.

해나가 울지 않는 날도 나는 밤이면 밖으로 나갔다. 해나와 둘만의 시간을 갖게 된 것이 비밀스럽고 오붓했다. 해나의 쌔근거리는 숨소리는 나와 호흡을 같이 했고, 그 심장의 리듬은 내 마음을 평온하게 먼 추억으로 잠시 뒤돌아가게 했다.

문득 친정어머니의 아픔이 소음 사이를 뚫고 내 가슴에 화살처럼 꽂혔다.

엄마 없는 손자를 삼 년 동안 키웠던 어머니는 훗날 이렇게 말씀하셨다. 아기가 아파 밤새도록 울어댈 때, 달래 줄 엄마가 없다는 사실이 심장을 난도질당하는 아픔이었다고…… 새벽이 되어 아기가 지쳐 잠이 든 뒤에야 가족들은 속울음을 울며 새우잠을 자곤 했었다.

나는 내 손녀를 가슴에 안고서야 엄마 없는 손자를

눈물로 키웠던 어머니의 처절한 슬픔을 뼈저리게 실감할 수 있었다. 뉴욕의 밤거리 고층 아파트 벽에 머리를 대고 걷잡을 수 없는 울음을 터트렸다. 통곡은 도시의 잡음에 묻혀 흔적도 없이 사라졌다. 어머니와 그 슬픔을 함께하지 못했던 일이 후회스러웠다.

인생살이란 참 묘하기도 하다. 자녀들이 집을 떠나버리면 자연히 화젯거리가 없어져 부부는 대화할 일이 별로 없게 마련이다. 그러던 차에 손주라도 생기면 부부의 대화가 다시 이어지게 된다. 평생을 살아온 부부인데도 의견 차이는 항상 팽팽하지만, 손주 자랑을 할 때만은 의견이 일치했다. 이래서 시들어 가는 부부의 화제에 다시 생기가 나게 되고 또 다른 삶의 재미를 맛보게 되나 보다. 그 생기는 마치 회색 가지에 물이 올라 새싹이 끊임없이 돋아나는 것 같았다.

해나가 아장아장 걷게 되면 같이 흙장난을 하면서 꽃밭을 만들고 물을 줘야지. 봄에는 꽃을 찾아오는 나비를 보여줄 것이고, 비 온 뒤에 무지개도 보여주고 싶다. 밤에는 뒷마당에 나가 달도 별도 보여주고, 네 별 내 별도 정해놓아야지.

나는 지금 손녀에게 세상에는 별의별 것 다 있으니 건강하게 무럭무럭 자라기만 하면 다 보여줄 것이라고 속삭이고 있다.

뉴욕의 밤하늘을 바라보며 나는 아기별을 점찍어 놓았다. 그 별은 나의 새로운 희망으로 아름답게 반짝이고 있다.

손녀와 꽃동산

나의 첫 번째 외손녀 해나는 1987년 7월에 뉴욕에서 태어나 그곳에서 살고 있었다. 센트럴파크에서 첫발을 떼어 걷기 시작했고, 뉴욕 번화가를 거닐었다.

해나가 여섯 살이 되었을 봄에 딸네 가족과 함께 한국에 갔었다. 한국의 봄날은 환상적이었다. 온 세상이 연초록 이파리들로 팔랑대고 꽃들은 서로 다투듯이 아름다움을 뽐내고 있었다. 길 가는 사람들의 어깨에도 봄볕은 따뜻하게 내리쪼였고, 거리에는 봄을 파는 꽃가게가 문을 활짝 열어놓았다. 무거운 겨울을 훌훌 털어버린 사람들은 저마다 희망찬 봄을 맞아 발걸음마저도 가벼워 보였다.

봄에 산사를 찾아가는 마음은, 젊은 날의 추억으로 들어가는 듯 한껏 나를 들뜨게 했다. 해나와 나는 일행과 한참 처져 오솔길을 걸었다. 백양사로 가는 오솔길은 길섶을 따라 개울이 흐르고 있어 운치가 있었다. 해나와 나는 돌멩이를 집어 개울물에 돌팔매질을 하며 신이 나 낄낄댔다. 작은 파문이 동그라미를 그리며 퍼져나간다.

문득 작은 바위 위에 자라가 엎드려 있는 걸 발견하고 그곳을 겨냥했다. 해나는 돌을 던졌으나 그곳에 미치지 못해 자라는 끄떡도 하지 않았다. 아무래도 모양으로 만들어 놓은 것 같았다. 그러다가 작은 돌이 그 근처에서 '퐁당' 하고 물을 튀기며 떨어졌다. 자라는 놀랐는지 머리를 등딱지 속으로 감추고 서서히 움직였다. 해나는 움직이는 자라를 보고 흥분해 소리를 질렀다.

해나는 흙먼지를 일부러 내며 오솔길을 잘도 걸었고, 예쁜 조약돌을 주워 바지 주머니에 넣었다. 걸을 때마다 찰랑찰랑 구슬 치는 소리가 경쾌하게 났다. 나도 공깃돌 다섯 개를 주워서 재킷 주머니에 넣었다. 해나와 공기놀이를 해야겠다고 생각했다.

"내가 좋아하는 노란 꽃은
왜 이렇게 많이 피어 있을까?
개울물은 어디서 흘러왔을까?
나비는 예쁜데,
벌들은 왜 꽃 속에 있다가 나를 놀라게 할까?"

해나는 궁금한 것이 너무나 많았다. 컴퓨터 게임과 만화영화를 즐기던 해나는 자연 속에서 알고 싶은 것이 너무나 많았다. 궁금한 것이 많아 더 즐겁고 생기 있게 뛰어다녔다.

길섶에 지천으로 피어 있는 토끼풀꽃이 눈에 띄었다. 예쁘게 눈을 흘기며 '나도 꽃이에요'라고 호소하고 있는 것 같았다. 나는 풀꽃의 향을 맡아 보았다. 화원에서 키워진 꽃과는 향기가 달랐다. 사람들의 눈길이 닿지 않은 꽃은 수줍음을 탔다.

나는 가는 줄기를 되도록 길게 잡고 두 송이를 꺾었다. 조심스럽게 줄기를 가르고 다른 가지를 사이에 끼웠다. 두 송이가 맞물려 앙증맞은 꽃반지가 만들어졌다. 해나의 가는 손가락에 끼워주고 꽃시계도 만들었다. 해나는 꽃반지가 떨어질까 봐 손을 들고 폴짝폴짝 뛰어갔다.

뛰어가는 옆으로 노란 개나리꽃들이 화사하게 반겨준다. 노란 병아리 주둥이 같은 개나리꽃을 따서 헤어밴드 사이에도 쪼르륵 꽂아 넣었다. 노란 화관을 쓴 공주는 양쪽 귀밑머리에 진달래꽃까지 꽂아 달란다. 나풀나풀 개나리꽃 사이로 보일 듯 말듯 뛰어가는 해나의 모습은 꽃인가 선녀인가 눈이 부시다. 문득 노랑나비 한 마리가 깜짝 놀라 포르르 날아 해나의 길라잡이가 되어 진달래꽃 사이를 날고 있다.

진달래 슬픈 꽃술을 들여다보다 꽃잎을 따서 잘근 씹었다. 들쩍지근한 맛이 제법 시장기를 돋우었다. 갑자기 진달래꽃으로 빚은 술 한 잔에 화전을 안주 삼아 취해보고 싶었다. 해나도 예쁜 꽃 이파리 하나를 따서 입에 넣었다가 얼굴을 찡그리며 뱉어냈다. 나는 그러는 해나의 얼굴에 뽀뽀를 했다. 입에서 진달래 꽃냄새가 젓내처럼 났다.

가다 보니 징검다리도 나왔다. 그곳으로 가지 않아도 되는데 해나는 기어코 징검다리를 건너겠다고 했다. 둘이는 손을 잡거니 말거니 하며 한 개씩 건넜다. 해나는 폴짝 뛰어 한 개를 건널 때마다 성공했다고 엄지손가락을 하늘로 쳐들었다. 띄엄띄엄 놓인 돌은 어른 걸음으로 족히 한 걸음은 될 것 같았다.

내가 먼저 건넌 다음 해나의 반지 낀 손을 조심스럽게 잡았다. 순간 발을 헛디뎌 둘이는 동시에 미끄러져 물에 빠졌다. 얼굴에 차가운 물이 튀었다. 우리는 서로의 얼굴을 쳐다보며 까르르 웃었다. 옆에 플라타너스가 하얀 이파리를 뒤집으며 합세했다.

제법 써늘했지만 시원하다고 말하는 해나의 입술이 파르르 떨렸다. 아침 이슬을 머금은 연초록 이파리 같은 얼굴에 물방울이 또르르 굴러 내렸다. 오염되지 않은 천연수 냄새가 상큼하게 났다. 해나는 앞니 빠진 자잘한 흰 이를 드러내고 깔깔거렸다. 해맑은 웃음이 향기럽게 퍼지며 진달래, 개나리 향기와 어우러져 개울물에 섞여버렸다.

세월이 훌쩍 지난 2019년 6월에 해나가 대학을 졸업한 기념으로 온 가족이 한국에 갔었다. 이번에는 동해안 쪽으로 여정을 잡았다.

지금은 해나 아래로 여동생, 남동생이 있다. 한식 온돌방에서 온 식구가 같이 자고 먹고 불국사, 석굴암, 포석정, 천문대 등을 구경하고 연꽃이 만발한 다리를 건넜다.

그중에서도 할머니가 옛날에 입었던 여고 교복이 생각나서 자기네들도 사진관에서 여학교, 남학교 교복을 입고 사진을 찍었다.

그 사진이 내 가슴에 딸네 가족과 함께 꽃으로 피어났다.

할머니와 엄마의 고국인 한국을 사랑하는 손주들이 기특하고 자랑스럽다.

아들의 자동차

아들은 10년 동안 타고 다니던 차의 수리비가 새 차 불입금만큼이나 많이 들어간다고 투덜댄다. 새 차를 사는 것과 리스 사이를 저울질하는 눈치였다. 본인이 결정하게 내버려 두고 구경만 하고 있었지만, 돈이 몇 푼 없다는 것을 빤히 알고 있는 나는 나대로 궁리를 하고 있었다.

월급을 타면 아파트 관리비 등등, 지불할 것들이 얼마나 많은가. 혼자 사는 것이 더 낭비가 많을 것 같았다. 하루빨리 좋은 짝을 만나 결혼을 해서 둘이 오손도손 의논을 하며 산다면, 내가 구태여 이런 일에 마음을 쓰지 않아도 될 것 같다는 생각이 들었다.

내 솔직한 심정은 무슨 핑계를 대서라도 첫 불입금만은 조금 보태주고 싶었다. 그렇지만 아들의 성격을 잘 아는 나는 은행 이자는 높으니, 무이자로 엄마 돈을 빌려 쓰라고 조심스럽게 이야기를 꺼냈다. 일언지하에 거절을 당했다.

그러던 어느 날, 아들은 말 한마디 없이 나의 성의를 완전히 무시한 채 혼자 결정해서 차를 샀다. 나는 아들의 처사에 몹시 화가 나서 통화 중에 일방적으로 전화를 끊어버렸다. 생각할수록 섭섭했다. 높은 은행이자를 얻었을 터이니 더 속이 상했다.

시집가서 멀리 살고 있는 딸한테 하소연이나 하려고 전화를 걸었다. 흥분 상태로 자초지종을 말하고 있는데 딸은 듣고만 있다가 착 가라앉은 목소리로 말한다.

“엄마! 엄마는 항상 너희 일은 너희가 알아서 결정하고 실수를 해야 많은 것을 배운다고 말하면서, 무슨 결정적인 일이 있을 때는 꼭 끈을 착 잡아당기는 거 알아?”

그 애도 충분히 생각을 한 후 자기 힘으로 처음 새 차를 샀을 텐데, 잘했다고 축하는 못 해줄망정 꼭 엄마가 원하는 대로 안 했다고 해서 그렇게 화를 낼 일이 아니란다. 엄마 돈을 빌리지 않은 것은 엄마의 간섭을 받고 싶지 않다는 것인데 서로가 잘된 일이라고 덧붙였다.

한 대 얻어맞은 것처럼 정신이 번쩍 났다. 딸의 말이 백 번 맞기 때문이었다. 그러나 딸도 내 나이가 되어 똑같은 입장에 처하면 지금의 내 심정을 조금은 이해하리라는 생각이 들었다.

미국에서 오래 살아, 나도 꽤 많이 서구화된 줄 알았는데 그게 아니었다. 부모는 으레 자식에게 모든 것을 해주어야 하고 자식은 그것을 당연하게 받아들이는 나의 고정관념에서 나는 아직도 벗어나지 못하고 있었던 것이다.

이곳에서 자란 아이들은 독립심이 너무 강해 부모와 자식 사이의 끈끈한 정이 메말라 가고 있는 것 같아 섭섭한 마음이 들었던 때도 있다. 부모한테 의뢰하지 않는 대신 간섭도 하지 말라는 식이다.

문득 내가 자랄 때 일이 생각났다. 많은 형제 사이에서 하나라도 더 부모한테 받으려고 며칠씩 엄마를 졸라, 갖고 싶었던 것을 가졌던 지난 일들. 형제간에 서로가 잘해주기도 하고 가끔은 섭섭하다고 토라지기도 했었던 일들. 정이 넘쳐 어떤 때는 부담이 되기도 했던 한국적인 정이 향수처럼 그리워지기도 했다.

새 차를 샀으니, 헌 차를 알아서 처분하겠다던 아들한테서는 소식이 없다. 아들이 사는 아파트에는 장소가 없어 헌 차를 우리 집 드라이브 웨이에 갖다 놓았으니, 아침저녁으로 먼지 쌓여 가는 차가 눈에 거슬렸다.

아무래도 느긋한 아들을 믿다가는 헌 차를 영영 처분하기 어려울 것 같아 한국 헌 차 딜러에 의뢰를 했다. 이것저것 묻더니 곧바로 차를 사러 왔다. 먼지를 뒤집어쓰고 있는 차는 더 초라하게 보였다.

그들은 차를 흘낏 보더니 시큰둥하게 턱으로 '저 차예요?'

나는 모든 책임을 아들에게 밀어붙였다. 차를 너무 험하게 탔고 항상 바쁘다는 이유로 닦지도 않았다고…….

차 얘기를 듣는 둥 만 둥 하더니 먼 길에 왔으니 냉수나 달라며 그들은 아들 이야기를 이것저것 물었다.

그러다가 그들은 아들 흉을 볼 일이 아니라 이런 차를 지금까지 타줘서 고맙다고 하란다. 요즘 젊은이들이 얼마나 좋은 차를 타고 다니는데, 돈 주고 타라 해도 안 탈 차를 가지고 무슨 흥정을 하자는 거냐며 어이없다는 표정을 지었다. 자기네는 거저 줘도 안 가져가니 레드크로스 견인 서비스 불러 도네이션이나 하라며 밝게 웃고 붕 떠나버렸다.

밀렸던 숙제를 해놓은 것처럼 가슴이 후련해졌다. 도네이션하기 위해 나는 기쁜 마음으로 차 안팎을 왁스까지 발라 깨끗하게 닦아 놓았다. 말끔히 세수를 하고 분단장을 한 차는 아들의 지난 일들을 가득 담은 추억으로 나에게 다가왔다.

아들은 나도 모르는 사이에 벌써 부모의 둥지를 떠나 훨훨 날고 있었구나 하는 쓸쓸한 마음과 흐뭇한 마음이 야릇하게 교차되고 있었다.

자녀들이 독립해서 어느 곳에서 살더라도, 세상이 아무리 바뀐다 해도, 부모와 자식의 보이지 않는 끈은 어쩔 수 없는 천륜인 것을.

이 끈을 통하여 이어지는 사랑은 자식에게, 또 손주

들에게 흐르면서 가족의 역사는 이루어질 거라는 생각이 들었다.

피스모 비치의 낭만

딸네 가족 5명과 우리 부부는 휴가를 내어 피스모 비치로 여행을 떠났다. 마침 나는 딸이 운전하는 뒤쪽에 앉았기 때문에 왼쪽에 펼쳐진 태평양 바다가 한눈에 들어왔다.

잡다한 일상에서 벗어나 이삼일 일정을 잡고 집을 떠난다는 것 자체가 흥분이고 설렘이었다. 딸은 여행을 좋아해서 가끔 우리를 데리고 훌쩍 집을 떠나곤 했다.

나는 딸네와 함께 가는 여행을 즐겼다. 이곳에서 자란 자녀들이 다 그러겠지만, 영어도 잘하고 운전도 잘하고 맛집도 잘 아니 그저 시켜주는 대로 음식을 즐기기만 하면 된다. 우리 부부는 눈치껏 지갑을 자주 열면서 서로 즐거웠다.

미국 사위는 미식가라 어느 나라 음식이던 맛을 위주로 다 시식해보는 좋은 습관을 갖고 있다. 한국 음식은 딸보다 더 잘 먹는다. 내가 가끔 양념게장을 해주면 열 손가락을 다 빨면서 엄지척이다. 어느 나라 사람이던 일단 음식을 함께 즐겨야 정이 드는 것 같다.

목적지는 피스모 비치이지만, 101 프리웨이를 타고 가는 길에 샌타바버라와 솔뱅을 들렀다 가기로 했다. 로스앤젤레스에서 북서쪽으로 150마일쯤 되며, 두어 시간 운전을 하면 샌타바버라에 도착하게 된다.

그곳에 도착하니 오래된 스페인풍의 주홍색 기와지붕과 흰 스타코 건물들, 아치형 기둥이 늘어선 작은 거리가 고풍스러운 운치를 풍겼다. 작은 가게들 안을 기웃거리는 재미도 쏠쏠했고, 진열된 옷도 소품들도 로스앤젤레스와는 또 다른 분위기였다.

예술가들이 많이 사는 곳이라서인지 길가 작은 테이블에는 꽃병들이 놓여있고, 젊은이들이 커피를 마시며 책을 읽고 있는 모습들이 아름다웠다. 가로등 기둥에 페튜니아 꽃바구니가 화려하게 매달려 색깔과 향기를 뽐내고 있었다. 날씨가 좋아서인지 바다가 가까워서인지 꽃들은 싱싱했고 빛깔들이 짙었다. 김춘수 시인의 〈꽃〉이라는 시가 떠올랐다.

내가 그의 이름을 불러주기 전에는
그는 다만 하나의 몸짓에 지나지 않았다

내가 그의 이름을 불러 주었을 때
그는 나에게로 와서 꽃이 되었다.
-생략-

이곳저곳을 기웃거리며 윈도쇼핑을 즐기고, 간단한 페스트리에다 망고 주스 한 잔을 마시고 나서 다시 솔뱅으로 가는 길로 들어섰다.

고등학교 10학년, 중학교 8학년 손녀 둘과 초등학교 5학년 손자는 뒷좌석에 앉아 조용하기 이를 데 없었다. 두 손녀는 귀에 이어폰을 꽂고 눈을 감은 채였고, 손자는 게임 하느라 정신이 없었다. 일단은 싸우지 않고 조용해서 좋았고, 나는 창밖의 바다를 맘껏 즐길 수 있어서 행복했다.

얼마쯤 가다가 포도밭이 펼쳐진 〈Laetitia Vineyard〉라는 곳으로 들어갔다. 끝이 안 보일 정도로 넓었다. 여러 품종의 포도들이 주렁주렁 열려 보기에 탐스러웠다. 이육사의 시 〈청포도〉가 떠올랐다. '전설이 주저리주저리 열리고…….'

아이들은 신기한 듯 다니며 끝없이 펼쳐진 포도밭을 배경으로 사진을 찍고 잔디밭에 뒹굴기도 하며 추억을 만들었다. 그 모습은 푸른 바다보다 더 아름답고 포도밭보다 더 풍성했다.

태평양 연안의 가장 풍부한 포도원이라 했다. 와인 시음 룸이 있어 각종 와인의 맛을 볼 수 있었고, 포트폴리오를 친절하게 안내했다.

문득 친정어머니 생각이 났다. 가을이면 농익은 알찬 포도를 큰 자배기에다 넣고 손으로 주물러 항아리에 담아둔다. 한겨울에 그 포도주를 한 사발 마시면 사이다 같이 싸해지며 속이 탁 트였다. 그리고 잠시 후, 천장이 빙빙 돌곤 했었다. 그 포도주 맛이 내게는 최고였으며 잊을 수 없는 추억이었다.

포도주 상식이 없는 나는 여러 가지 시식을 해봤지만, 그 맛의 예민한 차이를 알 수 없었다. 그 와이너리에서는 유명한 피노누아와 샤르도네를 만들었다. 피노누아 품종의 포도는 껍질이 얇고, 부드러워 실크 같아서 다루기가 힘들다 했다. 피노누아 포도주는 입안에서 머무는 감동이 기억 속에 오래 남는다고 했다.

태평양 바람이 자연으로 불어 와서 그 포도밭의 포도는 품종이 월등하다는 말은 이해가 갔다. 또 하나의 경험을 하고 나니 앞으로 포도주에 관심을 가져 볼까?

그곳에서 두세 시간 더 가니, 덴마크 마을 솔뱅이 나왔다. 풍차가 먼저 눈에 띄었는데, 풍차는 덴마크가 아니라 네덜란드의 상징이 아닌가. 전체적인 분위기는 동화 속에 나오는 마을 같았다. 공원에 세워진 동화작가 안데르센 동상이 눈에 들어왔다. 말이 끄는 마차도 있고, 써레이(surrey)를 가족이 타고 다니는 모습은 평화로웠다.

무엇보다 베이커리에서 빵 굽는 냄새가 시장기를 부추겼다. 이곳에 오면 꼭 먹어봐야 한다는 유명한 에블스키비(Aebleskiver)를 한 접시 주문했더니 딸기시럽 위에 흰 파우더 설탕을 뿌려주었다. 동그란 도넛 같기도 하고 큰 호두과자 같기도 한 페스트리를 커피에다 먹으니 꿀맛이었다.

솔뱅에서 두어 시간 더 가니 샌루이스 오비스포 카운티가 나왔다. 그곳에는 그 유명한 피스모 비치가 광활한 바다를 활짝 펴 우리를 맞아주었다.

호텔에 여장을 풀고 가벼운 옷으로 갈아입고 바닷가를 거닐었다. 로스앤젤레스에서 네댓 시간이면 오는 거리인데도 어느 먼 외국에 와 있는 기분이 들었다. 이곳은 특별히 모래사장이 20마일이나 펼쳐져 둔버기도 탈 수 있고 말도 탈 수 있었다.

손주들은 말을 타고 신이 나서 소리를 지르며 낄낄댔다. 태평양 바다를 배경으로 말을 타고 있는 모습은 어느 영화의 한 장면 같았다. 그들을 바라보는 것 자체가 행복이고 감사였다.

바다를 바라보니, 서퍼들이 하얀 파도를 타고 제비처

럼 날렵하게 미끄러지다 어느 틈에 바다 속으로 잠겨 버렸다. 눈을 뗄 수가 없었다. 그들이 바다 속으로 잠겨 버릴 것만 같아서…… 먼 곳에서 돌고래가 날렵하게 튀어 올라 포물선을 그리며 물속으로 잠수했다.

금강산도 식후경, 그 유명한 레스토랑 〈Cracked Crab〉에서는 살아 있는 게를 쪄서 바구니에 담아 내왔다. 아이들은 망치로 두드리는 재미가 먹는 것보다 더 신이 나는지 줄곧 나에게 건네줬다. 그 바람에 비싸서 자주 먹지 못했던 맛있는 게를 실컷 먹을 수 있었다. 행복한 미소가 저절로 나왔다.

크램 차우다가 유명하다는 〈Splash Cafe〉에서는 줄을 한 시간씩이나 서서 기다렸다. 둥그런 빵 껍질에 담겨진 크램 차우다는 별미였다.

노을이 홍시 빛으로 바다를 온통 물들였다. 모래사장을 걷는 운치 또한 절경이었다. 하늘과 닿은 수평선 끝에서 불그스름한 빛이 서서히 사라지고 있는 바다는 침묵했다.

아이들은 모래사장을 서로 먼저 뛰느라 소리를 지르고, 우리는 뒤에서 밀려오는 파도에 발을 적시니 부러

울 게 아무것도 없었다. 이만한 행복이 어디 있겠는가.

행복이란? 온 가족이 건강하게 화목하게 지낼 수 있는 일상이 행복이 아닌가? 더 뭘 바라겠는가?

이 모든 순간들이 우리 가족 모두에게 추억으로 오래 남겨질 여행이었다.

다도해로 떠난 삼촌

며칠째 장맛비가 계속되고 있다. 그칠 듯 하다가 다시 초저녁부터 후드득후드득 창가를 두드리고 있다. 빗소리를 외면한 채 외할머니는 열심히 곰방대를 빨아댄다. 긴 곰방대를 목줄이 불거지도록 빨아올리고는 모든 한을 가슴 깊은 곳에서 끌어올려 길게 내뿜었다. 외할머니의 한이 담배 연기 속에서 조금씩 태워져 사라졌다. 아마도 그 한은 평생을 태워도 계속될 것이다.

장마철만 되면 외할머니의 병은 다시 도져 초저녁 단잠을 잃어버린 채 동그랗게 앉아 계셨다. 긴 곰방대에서 뿜어내는 연기 속에 삼촌의 모습이 뭉게뭉게 피어

오른다. 어제 일은 잊어버려도 몇 십 년이 지난 그 일은 아직까지도 할머니의 눈에 밟히나 보다.

거센 풍랑 속에 배들을 감춰버리고도 말이 없는 그 바다. 할머니는 분명 그렇게 앉아 그곳을 머릿속에 그리고 계실 거라는 생각이 문득 들었다. 그런 모습의 할머니를 바라보면서 나도 삼촌을 생각했다. 그리고 삼촌을 앗아간 바다를 원망하고 두려워했었다.

나른한 봄날, 초등학교 사오 학년인 우리에게는 소꿉장난을 하고 고무줄넘기를 해도 하루해가 길기만 했다. 지루할 무렵 어디선가 낯익은 노랫소리가 들려왔다. '간다간다 떠난 항구 안개 속에 떠 어 난 항구…' 멀리서 찌르릉찌르릉 하는 자전거 소리와 함께 들려오는 삼촌의 구성진 노랫소리였다.

친구들을 뒷전에 두고 나는 대문으로 쏜살같이 달려나가 삼촌의 자전거 뒷자리에 달랑 올라앉았다. 오빠가 없던 나에게 삼촌은 나의 자존심이었고 특히 남자아이들 앞을 지날 때 내 턱은 한껏 치켜지곤 했다. 그런 날 밤엔 꿈에서도 너무 신이 나서 까르르 웃었다.

골목을 돌고 들어온 삼촌은 대청마루에 벌렁 드러누워 네 활개를 쫙 펴고 '간다간다…'를 멋들어지게 처음부터 끝까지 불렀다. 노래가 끝난 후 팔베개를 하고 천장을 초점 없이 바라보는 삼촌의 눈에는 항상 물기가 촉촉이 고이는 것 같았다. 그때는 어려서 삼촌의 깊은 마음을 짐작도 못 했다.

바람처럼 불쑥 나타났다가는 큰 키를 건들거리며 휘바람 소리와 함께 훌쩍 떠나버리는 삼촌, 대문 밖으로 사라지는 그 뒷모습은 왠지 어린 내 마음을 슬프게 했다.

어느 날 해 질 무렵 삼촌은 불쑥 나타나 나를 데리고 어느 처녀를 만나 무성영화를 보러 갔던 적이 있다. 영화의 마지막은 남녀가 소달구지 뒤에 나란히 앉아 어디론가 가고 있는 장면이었다. 그 장면은 오래도록 어린 내 마음에 남겨졌다. 난생처음 본 영화는 신기했고, 특히 마지막 장면은 나를 뭔가 모르게 불안하게 했다. 어쩐지 삼촌이 영화의 주인공처럼 어딘가로 떠날 것만 같은 예감이 들었기 때문이었다.

나의 어머니는 딸 여섯에 아들이 둘인 집안의 큰딸이

다. 삼촌은 여덟 형제 중에 막내라 큰누나하고는 열여섯 살이나 차이가 있었다. 작은삼촌은 후리후리하게 큰 키에 호남형인 외할아버지를 닮았고, 큰삼촌은 작달막한 키의 외할머니를 닮았다고들 했다. 두 형제는 내가 보기에도 외모부터 성격 모든 것이 달랐다.

외할아버지가 일찍 돌아가셨기 때문에 실질적으로 큰삼촌이 집안의 가장인 셈이었다. 큰삼촌은 자기가 희생을 해서라도 동생을 자기의 이상형으로 만들고 싶었던 것 같다. 일등을 놓쳤다고 작은삼촌을 때리는 것을 보고 나는 큰삼촌을 싫어했다. 그래서 더 작은삼촌을 좋아했는지도 모른다. 작은삼촌은 나름대로 힘들 때마다 큰누나인 나의 어머니를 찾아와 마음을 달래고 가는 것 같았다.

그 후 얼마 동안 작은삼촌은 공부하러 먼 섬에 가 있어 우리 집에 오지 않았다. 삼촌이 가 있다는 섬에 가보고 싶었다. 삼촌과 바닷가에서 자전거를 타고, 똑딱선도 타보는 상상을 해보곤 했다. 편지 한 장 보내지 않는 삼촌이 섭섭했지만, 나도 모르는 사이에 삼촌이 불렀던 노래를 흥얼댔다.

그러다가 삼촌을 잊어버릴 만 할 어느 날, 어머니는 허둥지둥 외할머니 집으로 가서 그날 밤 돌아오지 않았다. 나는 무슨 일이 일어나고 있다는 것을 눈치로 알았지만 물어볼 수가 없었다.

다음날 어머니는 눈이 퉁퉁 부어서 돌아오셨다. 작은삼촌이 죽었다는 것이다. 가족을 보러 섬에서 나오다 다도해 바다에서 풍랑을 만나 배가 뒤집혔단다. 그날 밤 내 꿈에서도 무서운 풍랑이 일고 파도가 나를 덮쳤었다. 나는 삼촌을 삼킨 바다가 너무나 무서웠다. 파도를 바라보고 있노라면 금방 물살이 허연 거품을 물고 나를 덮쳐버릴 것만 같았다.

그 후 바다는 지금도 내 머릿속에서 무서운 곳으로 남아있었고 바다가 싫었다. 나는 차츰 말이 없어지고 우울한 아이로 변했다.

외할머니는 큰딸을 찾아와 서럽게 울다가 돌아가곤 했다. 큰아들 앞에서는 차마 울 수가 없었던 것이다. 그러다가 언제부터인가 할머니는 서러운 한을 가슴 깊은 곳으로 접어 넣고, 대신 담배를 피우기 시작했다. 내 눈에도 할머니의 긴 곰방대를 피우는 모습은 한을 조금씩 태워버릴 수 있는 유일한 방법으로 보여 졌다. 긴 곰방대에 온 마음을 의지하고 하루하루 살아가는 외할머니 앞에서는 아무도 '바다'라는 단어를 말할 수가 없었다.

스무 살이 채 안 된 삼촌, 외모가 특출하고 똑똑했던 삼촌은 꿈을 펴보지도 못한 채 바다로 홀연히 떠나고 말았다. 작은삼촌에 대한 큰삼촌의 꿈은 무엇이었을까. 또 작은삼촌의 꿈은 무엇이었기에 넓은 곳, 바다로 나가 그의 꿈을 이루려고 했을까.

외할머니의 자식에 대한 소박했던 바람은 아마도 자식을 눈앞에 두고 사는 것이었을 게다. 세월이 지난 후에야, 할머니의 꿈은 세상에서 가장 아름다운 꿈으로 나에게도 다가온다.

오월의 어느 날

오월의 어느 날, 아주 먼 데서 낯선 편지 한 통이 날아왔다.

옛날 글씨체로 주소를 쓴 길쭉한 흰 봉투가 우체통에 있었다.

'함경북도 신기령……'이라는 주소가 눈에 들어왔다. 대명천지에 북한에서 미국으로 편지가 오다니! 깜짝 놀라 나도 모르는 사이에 주위를 휘 둘러봤다.

'윤아무개'라는 이름은 분명 이북에 있는 남편의 누나이고 나의 시누이가 되는 사람이 아닌가. 자유의 나라 미국이라지만 너무나 오랫동안 단절되었던 곳에서 꿈에도 생각해보지 않았던 편지가 왔다. 허리가 동강 잘린 토끼 모양의 지도 머리 쪽에 있는 함경북도 신기령. 믿어지지가 않았다.

혹시나 하는 마음에서 캐나다에 있는 이산가족 찾기 사무실에 인적사항을 적어 보냈던 것이 현실로 이루어졌다. 남편은 그저 멍하니 봉투만 바라보고 있었다. 오만가지 지난날들의 기억들이 주소 위로 겹쳐져 선뜻 손을 대기가 무서웠던 모양이다.

시댁 식구들로부터 이북에 있다는 시누이의 이야기를 너무도 많이 들어서 나도 실제로 형제 같은 친근감이 들었다. 남편이 감히 손을 못 댄 봉투를 내가 먼저 뜯었다.

주소의 글씨체와 같은 필체로 편지의 시작은 이렇게 쓰여 졌다.

"꿈 많던 열여덟 살, 학교에 간다고 집을 나섰던 것이 마지막이 될 줄이야…….

그 후 부모 형제를 못 보고 산 세월이 얼마인가! 나는 한 시도 남한에 있는 가족들을 잊어 본 적이 없었다.

아무도 없는 낯선 땅에 와서 혼자 무엇을 할 수 있었겠니? 밤마다 베개를 적시며 눈이 퉁퉁 붓도록 울고 지냈던 시간들, 살아서 가족들의 소식을 듣는다면 눈을 감고 죽을 수 있을까…… 이제 가족의 소식을 전해 들었다는 사실이 믿어지지 않아 나는 그동안 참았던 슬픔을 기쁨의 눈물로 바꾸어 한없이 울었단다. 기쁨은 슬픔보다도 더 눈물이 난다는 것을 처음 알았다. 이런 날이 꼭 오리라는 신념을 가졌기에 나는 지금까지 악착같이 살아왔었다.

의사의 길을 저버리지 않아 지금은 의사로서 통일을 위해 일하고 있다. 부모님이 모두 돌아가셨다는 소식에 가슴이 너무도 아파 밤새도록 홀로 울었단다. 부모님을 만날 꿈이 깨졌다는 것이 너무나 억울하다. 그렇지만 남은 형제들이 모두 무사하다니 한시라도 빨리 만나고 싶구나. 그동안 혼자 살았던 생각을 하면 끔찍해서 나 자신도 모질다고 생각하게 된다. 이제 생사를 확인했으니 만날 날이 가까워진 것 같구나."

이하 생략.

'열여덟'이라는 낱말과 '부모 형제'라는 단어에는 눈물이 얼룩져서 질 나쁜 종이에 번져있었다. 그 흔적은, 그동안 그녀의 아픔을 얼마간 나타내 주고 있는 듯해 마음이 아팠다.

작가인 박완서와 S 여학교 친구였고, 그는 서울대학으로 시누이는 여의전으로 각각 다른 길을 갔었다. 시누이는 스스로 결정을 해서 의과대학을 들어갈 만큼 똑똑했었다. 의사가 한 명도 없는 집안인데도 어려서부터 왠지 의사가 되어 아픈 환자들을 돌봐야 되겠다는 말을 자주 했었단다. 아마도 자식을 아홉이나 낳아 몸이 약할 대로 약해진 어머니의 병을 고쳐야 되겠다는 다짐이 아니었을까.

의과대학 입학식을 끝내고 집으로 가는 그녀에게 창경원 길은 마냥 걸어도 피곤하지 않았을 것이고, 아름다운 세상은 다 그녀의 것이었다. 이렇게 꿈같은 하루하루가 그녀에게는 안타깝게 흘러가고 있었다. 새로운 도전에 밤이 하얗게 지새는 줄도 모른 채 공부에 열중했었을 것이다.

그러나 잔인한 운명이 그녀의 앞에 가로 막고 서 있

을 줄은 아무도 몰랐다. 어수선한 라디오 방송 소리는 그들 모두를 믿을 수가 없게 만들었다. 전쟁이 난 것이다.

어느 날, 의대생들은 학교로 모이라는 연락을 받고 아무 영문도 모른 채 학교 운동장에 집합했다. 그다음 날, 누나를 만나기 위해 중학교에 갓 들어간 동생은 사간동에서 창경원 긴 담을 지나 학교로 갔었다. 학교 운동장은 텅 빈 채 아무도 없었다. 누나를 운동장 한가운데 서서 목이 터지라 부르다 엉엉 울면서 집으로 돌아왔다.

그것이 누나와의 마지막 헤어짐이 되고 말았다. 형제의 아픔이 이럴진대 같은 하늘 아래 어딘가에 자식이 살아 있을 것이라고 믿고 살았던 어머니의 마음은 어떠했겠는가. 죽었다는 소식이라도 들으면 포기나 하지. 집을 나가 생사의 소식조차 알 수 없는 사람은 가족들의 가슴에 영원히 살아있다.

긴 편지를 다 읽고 창밖으로 시선을 보냈다. 5월의 자카란다 꽃구름이 내 눈에 안개처럼 시야를 뿌옇게 가렸다. 그 꽃잎은 무수히 종으로 나무에 매달려 울려 보지도 못한 채 슬픔을 짙게 토해내고 있었다.

어쩌면 시누이는 보랏빛 슬픔보다 더 짙은 한을 5월의 하늘에 호소하고 있었는지도 모른다.

5월에 먼 데서 온 편지는 가슴에 깊이 접어 두었던 가족들의 한을 희망으로 서서히 꽃피우기 시작했다.

참고 : 이 수필은 중편소설 〈먼 데서 온 편지〉의 씨앗이 된 글입니다.

미국 사위 자랑

딸은 뉴욕으로 시집을 갔다. 로스앤젤레스공항에서 딸은 많이 울었다. 나까지 울면 딸의 마음이 더 아플 것 같고, 또 사위한테 미안한 생각이 들어 울지 않았다.

그런데 뒤돌아보면서 울고 가는 딸의 모습이 시야에서 사라지자 순간적으로 달려가서 딸을 데려오고 싶은 마음이 걷잡을 수 없어 몇 발짝 달려갔다. 다행히 남편이 옆에서 붙잡아 겨우 정신을 차렸다.

결혼식 때도 울지 않았던 눈물이 봇물 터진 듯 주르륵 흘러 주체를 할 수 없었다. 운전을 하는 남편도 섭섭한지 한참을 침묵했다. 서로 싸운 사람들처럼 한마디 말도 없이 집에까지 왔다. 나는 공항에서 집까지 족히 40여 분이 걸리는 시간을 계속 남편 몰래 속으로 울고 왔다.

집에 와서 나도 모르는 사이에 딸이 쓰던 방으로 들어갔다. 마침 창밖으로 노을이 지고 있었다. 어둑어둑해지는 방에 하염없이 앉아 딸을 시집보내기까지 지난 1년 동안의 일들을 차근차근 더듬어 봤다.

"엄마! 어떤 애를 알렉스 졸업식에서 만났는데 괜찮은 애라나 봐."

어느 날, 한가하게 딸과 함께 커피를 마시면서 이 얘기 저 얘기하던 끝에 슬쩍 지나가는 말처럼 딸이 말을 흘렸다. 나도 역시 스치는 말처럼 듣다가 그냥 한마디 했다.

"그래, 어떤 앤데?"

"미국 애야."

순간 나는 아직도 찰랑하게 남은 커피 잔을 입으로 가져가려다 받침 접시에 반이나 쏟으면서 내려놓자마자 다짜고짜 싸우듯 말했다.

"지금, 너 뭐라고 했어!"

"엄마, 왜 이렇게 놀라…… 알렉스 친구인데 뉴욕에서 졸업식 보러 왔었대. 그다음 날 느닷없이 전화가 왔어."

"아니, 너 그 애를 사귀겠다는 거야!"

나는 순간 직감적으로 뭔가가 있다고 느꼈기 때문에 가슴이 서늘해졌다.

얼마 전까지만 해도 절대 미국 사람하고는 결혼 못할 것 같다고 했다. 나는 너무 반갑고 신통하기도 하고 속으로 '그러면 그렇지. 내가 어떻게 가르쳤는데……' 하는 자부심마저 느꼈다. 은근히 속을 더 확실하게 떠볼 마음으로 '왜' 하고 물었다.

"애를 낳으면 나를 닮지 않고 미국 애만 닮을 것 아냐? 자존심 상할 것 같아."

나는 너무 기분이 좋았다.

"넌 어쩌면 그런 것까지 생각을 했어? 정말 그렇겠다."

어디 그뿐인가. 얼마 전에는 자청해서 한국 청년과 선까지 보지 않았던가. 물론 결과는 없었지만도 보다

보면 인연이 나타나겠지…….

그런 일이 있은 지 얼마 안 되었는데, 미국 애하고 데이트라니? 믿는 도끼에 발등을 찍혀도 유분수지. 생각할수록 억울하고 분하고 배신감마저 들었다.

도대체 미국 사람은 그 속을 알 수가 없는 데다 문화와 언어가 다르니 불편하기가 이를 데가 없지 않은가 말이다. 한국 사람이라면 대충 어떤 집안인지 말만 들어도 금방 알게 되는데…….

누구나 자기 자식이 최고이듯 내 딸도 지금까지 자라면서 착한 딸로 자랐다. 비슷한 한국 집안에서 자란 청년과 만나 시부모에게 효도하고 평범하게 살았으면 하는 내 바람이 하루아침에 무너져버렸다.

주위에서 자녀들이 결혼한다고 하면 첫 번째 질문이 한국 사람이냐고 물었다. 그렇다면 성공했다 하고 그렇지 않으면 '뺏겼네요.' 이렇게들 말했다.

혼자 끙끙 앓고 있다가, 한국에 계신 어머니한테 하소연 겸 전화를 했다. 항상 나는 힘든 일이 있을 때나 기도가 필요할 때는 어머니께 전화하는 버릇이 있었다.

"엄마! 나 요즘 속상해 죽겠어! 얘가 글쎄! 미국 애하고 연애한대."

말을 잇지 못하고 눈물이 먼저 나왔다. 어머니는 잠시 가만히 계셨다. 한 박자를 쉬고, 근데 어떤 애냐고 말해보라 했다. 미국 애인데 말할 게 뭐가 있냐며 대충 집안을 이야기해드렸다. 어머니는 조용히 들으시더니 "근데, 내 생각에는 그쪽에서 더 반대할 것 같다. 백인 집안에서 동양 애가 뭐 그리 탐탁하겠냐?"

"아니! 엄마는 내가 속상해 죽겠다는데 그쪽에서 반대를 하거나 말거나?"

어머니는 팔십 평생 살아 보니 인생 별거 없더라. 좋아하는 사람하고 살아야 되지 않겠냐고 뼈있는 말씀을 하셨다.

"미국 애도 좋은 애는 좋다더라. 지가 오죽 알아서 저한테 잘 맞는 애를 고르지 않았겠냐? 근데, 순 미국 애라더냐? 코가 아주 뾰쪽하고?"

궁금한 것이 한두 가지가 아니셨다. 오히려 한국에서는 미국 사람하고 결혼하는 것을 선호하는 추세라고 했다. 미국에서 사는 사람들이 더 보수적인 것 같다며 한

술 더 뜨셨다.

그동안 한국에서는 오히려 세계화를 더 부르짖더니 정말 결혼도 세계화가 된 것 아닌가.

전화를 끊고 나니 한결 마음이 가벼워지며 어머니의 말에 웃음까지 터져 나왔다. 한편 팔순이 돼가는 우리 어머니가 나보다 더 앞서간다는 생각도 들며 큰 위로가 되었다. 나는 한 번도 그쪽에서 동양 며느리를 어떻게 받아들일 건가를 생각해보지 않았다. 내 입장만 생각하기에도 골머리가 아팠었으니까.

'맞아! 사람 나름이야. 더 좋을 수도 있지 않을까?!' 모든 일은 마음먹기에 따라서 지옥일 수도 있고 천국일 수도 있으니 문제화시키지 말고 잘 풀어나가야겠다는 마음을 굳혔다.

딸은 일 년 동안 뉴욕과 엘에이로 오가며 데이트를 했다. 그러는 사이에 내 마음도 많이 정리되기 시작했다. 포기인지, 체념인지 아니면 합리화인지 자꾸 좋은 쪽으로 생각하게 되었다.

결혼에 필요한 모든 것을 둘이서 해결해버리니 아무

런 골치 아플 일이 없었다. 우리는 결혼식에 초대를 받아서 가기만 하면 된다. 서울에 계신 어머니는 거 보라며 얼마나 편하고 잘된 일 아니냐고 했다. 한국에서는 큰일 한번 치르려면 기둥뿌리가 안 남아 나는데, 별난 일도 다 있다며 역시 선진국 문화인이라 다르다며 박수를 보내셨다.

딸은 뉴욕으로 시집을 갔다. 부모의 마음을 뒤로하고…….

며칠 전 사위가 전화로 '어머님! 안녕하세요!' 휴가를 받아 엘에이에 온다고 했다. 무슨 음식을 해줄까 물었더니 육개장 아주 맵게 하고, 게 무침은 꼭 해놓고, 빈대떡은 꼭 바삭바삭하게 해달라고 했다. 게 무침을 먹을 때는 열 손가락을 빨면서 최고로 맛있다고 엄지척이다.

한국 음식을 딸보다도 더 좋아하니 정이 새록새록 들어만 갔다. 전화를 끊자마자 한국 마켓으로 달려갔다. 육개장 고기, 게, 대구, 녹두빈대떡 등등 머리가 신나게 돌아갔다.

한국말도 배우겠다며 1학년 교과서를 가져가지 않았던가. 내년 봄에는 한국에 가서 할머니한테 자기 뾰쪽한 코도 보여 줄 거라며 넉살을 떨었다.

어느새 주위 친구들한테 어떤 인종이든 인간성이 첫째라고 은근히 사위 자랑을 하기 시작했다. 앞으로 2세들은 그들의 자녀들이 결혼할 때 우리 1세들이 했던 고민은 하지 않을 것 같다는 생각이 들었다.

<시댁을 바라보는 할머니>
- 손녀 카야(Chaya)의 그림

4부

내 생애의 봄날

그늘진 뒷마당에서 새빨간 동백이 소리 없이 봉오리를 터트리고 있었습니다. 얼음을 뚫고 피는 노란 새 복수초를 이곳에서는 잘 볼 수가 없어 봄을 알리는 꽃으로는 으레 매화나 동백이라고 알고 있습니다. 가까이 있는 동백을 보며 첫해를 맞고 또 새로운 결심도 하게 됩니다. 동백은 추위를 견디면서 봄은 멀지 않았다고 우리에게 기쁜 소식을 알립니다.

내 생애의 봄날

그늘진 뒷마당에서 새빨간 동백이 소리 없이 봉오리를 터트리고 있었습니다. 얼음을 뚫고 피는 노란색 복수초를 이곳에서는 잘 볼 수가 없어 봄을 알리는 꽃으로는 으레 매화나 동백이라고 알고 있습니다. 가까이 있는 동백을 보며 첫해를 맞고 또 새로운 결심도 하게 됩니다. 동백은 추위를 견디면서 봄은 멀지 않았다고 우리에게 기쁜 소식을 알립니다.

추위에 견딘 만큼 오래도록 피어 있으면 얼마나 좋겠습니까? 하지만 살짝 봄을 알려주고는 꽃봉오리째 땅에 툭, 투두둑 떨어집니다. 그래서 애절한 마음을 우리에게 느끼게 해주기도 합니다. 벚꽃처럼 꽃잎이 하르르 흩날리지도 않고, 둔탁하게 그 자리에 툭 내려앉습니다.

동백은 꽃말조차도 '겸손한 마음'이라 합니다. 겨울의 끝자락에서 타는 듯 붉은빛의 꽃을 피우다가 다른 꽃들이 피기 시작하면 살며시 양보를 해줍니다. 그런 모습에서 겸손과 배려를 깨닫습니다. 추위를 견디고 나면 분명 봄이 온다는 것도 나는 동백에서 배웁니다.

김동길 교수의 『나이 듦이 고맙다』에서 이런 글을 읽었습니다.

'겨울이 없는 인생에서 봄은 불필요한 사치입니다. 추위에 떠는 사람들, 살았으나 사는 것 같지 않은 움크림 속에서 투쟁하며 사는 노인들에게야말로 봄은 반드시 받아야 할 선물입니다.

와도 좋고 안 와도 그만인 봄이 아니라 봄이 오지 않으면 더 이상 소망이 없는 우리들이기에 우리는 하나님이 주실 영생 복락의 봄이 올 때까지 이 겨울을 견뎌야 한다는 것입니다.'

나는 교회 시니어 칼리지 〈문학교실〉에서 이 글을 수강생들에게 읽어 드렸습니다. 이 글은 누구보다도 나 자신에게 하는 말이기에 되새김하게 됩니다.

아무 재능도 용기도 없어 언제나 겨울처럼 움츠리고 있던 나에게 등을 떠민 좋은 친구가 있었습니다.

"왜 못해? 전공했으면서, 할 만하니까 시키는 건데……."

몰아붙이는 친구 때문에 마지막 용기를 내 한국학교에서 가르쳤고, 외국인들에게 한국말을 가르치기도 했었습니다. 보람을 느끼기 시작했습니다.

지금은 교회 시니어 칼리지에서 〈문학교실〉을 맡아 같이 글공부를 하고 있답니다. 수고한다고들 하지만 내가 얻는 것이 더 많았습니다. 작은 것이라도 베푼다는 삶이 이렇게 신나는 줄 몰랐습니다. 기쁨이 넘치니 사는 것이 날마다 즐겁습니다.

수강생 중에는 90세가 된 어르신이 계십니다. 열심히 지팡이를 짚고 참석하십니다.

"우리 젊었을 때는 일본어로 헤밍웨이의 『노인과 바

다』, 펄 벅의 『대지』를 읽었었지…….”

‘꽃망대가 뭐죠?’ 하면 먼저 대답을 하십니다. 젊은 시니어들을 완전 멘붕 시킵니다.

87세인 어르신께서는 건강하게 아직도 일주일에 두 번씩 봉사를 하십니다. 책을 빌려드리면 며칠 만에 가져오셔서는 ‘너무 좋았어! 정말 따뜻한 글이었어!’ 하시는 모습이 아름답습니다.

끊임없이 시를 써오는 80세가 넘은 수강생은 기타도 배우고 컴퓨터도 잘하십니다. 모두가 제 롤 모델입니다.

하기야 100세가 된 김형석 교수는 아직도 건강하게 2시간씩 서서 강의를 하고 계시지 않습니까. 지금은 너무 바빠서 2년 후에 한가해지면 사랑을 하려고 한다고 해서 감동을 받았습니다. 나이를 잠시 접어두고 끊임없이 도전하는 삶을 배웠습니다.

나이 들어 못한다는 말을 우리 시니어들은 하지 말아야 될 것 같습니다. 지난 봄 학기, 가을 학기 때에, 한국의 대표적인 시인들의 시를 감상했고 좋은 글을 많이 읽지 않았습니까. 청춘일 때, 읽었던 책을 다시 집어 들고 읽으니 새롭게 터득하는 것이 많았습니다. 이래서 나이 듦이 고맙다고 하는 것 같습니다.

그동안 얼마나 많은 겨울을 보냈습니까? 참, 힘든 일들이 많았습니다. 우리 인생에서 고난과 아픔을 견딜 수 있었던 것은 분명 봄이 오기 때문이었을 것입니다.

동백이 지고 나면 개나리가 봄을 몰고 세상을 노랗게 물들이겠죠. 앞을 다투어 목련, 철쭉, 야래향도 필 것입니다. 봄을 기다리는 마음이 있기 때문에 이 겨울이 좋습니다.

우리 모두에게 봄이 곧 오고 있습니다. 봄을 맞이하려고 이 겨울에 나는 많은 책을 읽으려고 합니다. 봄이 되면 넉넉하고 따뜻한 마음을 다시 찾아 작은 사랑이라도 나누어야겠다는 다짐을 해봅니다. 우리 시니어 수강생들에게 이런저런 책들이 참 좋았다고 말하렵니다. 생각만 해도 가슴 설렙니다.

'나는 지금도 굽은 등으로 돋보기를 쓴 채 성경을 읽어 내려가는 노인을 보면 가슴이 뛰니다.' -김동길 『나이 듦이 고맙다』

나도 이런 아름다운 노인이 되려고 합니다. 생각만 해도 가슴이 벅찹니다.

올해엔 〈독서클럽〉을 만들어야겠다는 작은 꿈과 희망도 생겼습니다. 희망은 생명입니다. 꿈과 희망이 있기에 나는 지금, '내 생애의 봄날'을 맞고 있습니다.

긍정적인 노인네

요즘 들어 자주 일어나는 건망증 증세가 삶을 어지럽혔다.

나이 들어서 그렇다고들 하지만 나는 젊어서도 약간은 건망증이 있었던 것 같다. 그러나 근래 와서 조금 심한 것이 은근히 불안하다. 그중에는 웃고 넘어갈 일도 있지만, 위험한 일을 저지를 때는 난처해진다.

날마다 반복하는 일에 혼동이 오는 것은 특별히 신경을 쓰지 않기 때문이 아닌가 싶기도 하다. 남편은 갑상선 호르몬 약을 하루에 한 알씩 먹어야 한다. 어느 날 나는 갑상선 약을 먹고, 내가 먹는 여성 호르몬 약을 남편에게 먹게 했으니! 이 일을 어쩌나?

운전을 하고 마냥 목적지가 아닌 다른 곳으로 가고 있다든가, 네거리 신호등에서 방향감각을 잊어버리고 우물쭈물하는 일은 생명에 관계되는 일이라 걱정이 된다.

세 개나 되는 자동차 열쇠를 다 잃어버리고 마지막 한 개가 남았다. 나는 마음이 놓이지 않아 언젠가 몇 개 더 만들어 지갑에도 한 개쯤 여벌로 가지고 다녀야지 했다. 마침 홈 디포에 갈 일이 있어 벼르던 열쇠도 만들 겸 외출 준비를 했다. 집안에서 차고로 두어 번 왔다 갔다 한 사이에 그만 한 개 남은 열쇠가 감쪽같이 숨어버렸다. 온 집안을 샅샅이 뒤져도 찾을 수가 없었다.

할 수 없이 락 스미스를 불렀다. 젊은이 둘이 왔는데, 그중 한 분이 한국말로 인사를 했다. 어디서나 한국 사람을 만난다는 것은 반가운 일이다. 열쇠 잃어버린 상황을 얘기했다.

다 듣고 난 후, 그는 뚱딴지같은 소리를 했다.

"그러면 노인네들 두 분이서만 이 집에서 사세요?"

처음 들어보는 '노인네'라는 말이 너무 생소해, 아무도 없는 뒤를 둘러보았다. 분명 나를 두고 하는 말이었다. 나는 너무 놀라 내가 정말 노인네로 보이느냐고 반문을 했더니, 그는 몹시 당황해했다.

내가 자칭 노인네라고는 하면서도 남이 노인네라고 하니 왜 그리 불쾌한지. 마치 친정에 가서 남편 흉을 맘 놓고 보는데 가족들이 내 속마음을 모르고 맞장구를 칠 때, 뒷맛이 씁쓸한 것과 같은 기분이었다.

얼마 전 서울을 갔을 때, 친구하고 커피숍에서 만나기로 했다. 십여 분을 기다리고 있는데 친구가 미안한 기색도 없이 숨을 몰아쉬며 들어섰다. '기가 막히다'는 소리를 연발하더니 '글쎄, 운전을 하고 오면서 라디오를 듣는데, 오늘 날씨가 섭씨 30도가 넘으니 오십이 넘은 노인네들은 외출을 각별히 삼가기를 바란다고 하잖니. 기분 나빠 혼났네!'

냉수를 마시고 진정을 하더니 친구는 '하기야 며칠 전 덧버선을 오른쪽은 신었는데 왼쪽은 아무리 찾아도 없어 속이 상해 훌렁 벗어버렸더니 한쪽에 두 개를 신고 있었잖아!'

그러니 오십이 넘으면 노인네라는 말을 듣는 것이 당

연하다면서 손수건으로 얼굴의 땀을 누르는 친구의 손에 검버섯이 희미하게 보였다.

이렇게 노인네 소리는 듣기 싫어하면서도 친구들끼리 맥도널드 햄버거 숍에 가서는 앞을 다투어 '시니어 커피' 하고 목청을 돋운다. 극장 앞에 가서 당당하게 시니어라고 했더니, 조조할인은 시니어 상관없이 할인요금이라 했다. 괜히 억울한 생각이 드는 것은 또 어쩌랴!

어느 날, 후배가 안부 겸 한 친구의 전호번호를 묻기에 '213……' 하고 말을 하는데 전화가 뚝 끊어졌다. 곧바로 신호가 울려 받으니 후배는 깔깔대고 웃느라 말을 못 했다.

"글쎄! 불러준 번호를 종이에다 적는다는 것이 그만 전화통 위에 있는 번호를 꾹꾹 누르지 않았겠어요."

함께 웃고 났더니 기분이 홀가분해졌다.

노인네라는 기준을 몇 살로 두는지는 중요하지 않다는 생각이 들었다. 사십 대에도 이미 나이가 들었다고 포기하고 부정적으로 우울하게 산다면 그 삶은 이미 노인인 것이다.

장수하는 사람들은 절망에 무릎 꿇지 않고 긍정적으

로 사회적인 유대관계를 갖고 사는 사람들이라고 한다.

과거에는 65세만 되면 9회 말이라고 여기던 사람들이 요즘은 80대의 4분의 1, 70대의 3분의 1, 60대의 2분의 1이 자신을 중년으로 여긴다.

노인네 소리가 듣기 싫으면 젊게 사는 방법을 터득해야 되겠다. 우선 건망증이라는 괴물이 내 머릿속으로 쳐들어와 자리 잡기 전에 나는 머릿속을 열심히 무엇인가로 채워서 재무장하려고 한다.

컴퓨터를 배울 생각을 하면 끔찍하다는 친구와 같이 열심히 배우기 시작했다. 기초부터 차근차근 배우니 시간 가는 줄을 몰랐다. 어느 날은 마우스를 거꾸로 잡고 몸부림치다 발견하고 혼자 웃게 된다. 인터넷을 배워 이메일도 하고 컴퓨터 속으로 열심히 들어가 본다. 돋보기를 쓰고라도 책을 부지런히 읽을 것이며 나 스스로 성장을 해야겠다.

그리하여 '노인네'라는 별로 듣기 좋지 않은 소리를 들어도 화를 내는 대신 당당히 받아들일 것이다.

보톡스 맞을까 말까

"언니도 앞으로 몇 년 더 일하려면 보톡스라도 좀 맞아야 되는 거 아니에요?"

두 젊은 한국 동료와 보톡스 얘기를 하다가 무심코 나에게 던진 말이었다. 물론 농담 반 진담 반이었지만 내 기분은 벌레 씹은 맛이었다. 그렇지 않아도 거울을 볼 때마다 보톡스인지 칼슘인지를 맞아봐, 하는 유혹을 느낀 적이 한두 번이 아니었기 때문이다.

하기야, 직장동료가 아니라면 같이 어울리지도 못했을 정도로 나이 차가 많이 나는 터인데 그런 말 듣는 게 당연하지 싶었다. 날마다 젊은 동료와 일을 하다 보니,

나도 잠시 내 나이를 잊어버렸던 것 같다.

거울에 비친 내 얼굴을 보고 또 한 번 놀랐다. 오후가 되니 피곤한 나머지 얼굴 피부가 축 처져 볼 수가 없는데다 웬 점은 그리도 많이 생겼는지…….

지저분한 점을 보다가 문득 어머니가 생각났다.

한국에 나갔을 때의 일이었다. 외출 준비로 세 명의 동생들과 화장대 앞에 앉아 부산하게 화장을 하는데, 막내가 내 얼굴을 흘끔 쳐다보더니 한마디 툭 하고 던졌다.

“미국 가서 살더니 언니 얼굴 완전 간 거 알아? 깊은 팔자주름에다 웬 파리똥! 이참에 언니 얼굴 대청소시켜주자! 한국에 온 선물로. 절대로 안 한다는 말 하지 말고 우리한테 맡겨 알았지! 점 빼고, 보톡스 조금 맞고, 피부 관리하면 아마 십 년은 젊어 보일 거야!”

우리는 보톡스를 맞아야 한다, 아니다 나중에 더 흉하게 되니 차라리 그대로 늙어가자 등등 의견이 분분했다. 오랜만에, 딸 넷은 웃고 떠들며 시간 가는 줄을 몰랐다.

“못된 것들! 하나같이 지들 얼굴 가꿀 생각만 하고,

내 얼굴 한복판에 있는 저승 점은 니들 눈에는 안 보이냐? 빈말이라도 저승 점 빼주자는 것들은 하나도 없고……."

칠십이 훌쩍 넘은 어머니는 방문을 꽝 닫고 들어가 버렸다.

'아! 어머니도 여자였구나!'

갑작스러운 어머니의 행동에 우리 넷은 어안이 벙벙한 채 잠시 말을 잊었다. 외출이고 뭐고 오늘은 모든 스케줄이 어긋났다고 생각했다. 어머니의 뒤끝은 감당이 안 되기 때문이다. 그런데 이변이 생겼다.

잠시 후, 어머니가 언제 그랬던가 싶게 보라색 원피스에 내가 선물한 보라색 핸드백을 들고 '쇼핑 가자!' 하고 나서지 않는가.

세월이 흘러, 내 나이도 그때의 어머니 나이가 되어 오니, 어머니의 마음을 충분히 이해하고도 남는다. 여자는 아무리 나이가 많이 들어도 어쩔 수 없이 아름다워지고 싶어 하는 마음을 털어버리지 못하는 것 같다.

어머니는 팔십팔 세까지도 파마머리에 염색을 해서

흰머리를 거의 본 적이 없을 정도로 항상 깔끔하셨다. 그런 어머니였는데, 저승 점을 못 빼 드렸던 일이 지금까지도 두고두고 후회가 된다.

며칠 전, 사십 갓 된 딸이 친구 따라 성형외과를 간다고 했다. 나는 혹시 유혹을 받아 은행같이 예쁜 홑겹 눈에 쌍꺼풀을 만들면 어쩌나 싶어 조마조마했다.

딸의 친구는 아직도 미혼이며, 하얀 우윳빛 피부에 뛰어난 미인이다. 그런데 보톡스인지 칼슘인지를 정기적으로 맞으러 간다고 했다. 딸은 주삿바늘로 얼굴 전면을 찌르는 것을 눈 뜨고는 볼 수가 없어 대기실로 뛰어나왔단다. 조금 후 친구가 활짝 웃고 나오는 데 정말 예뻐 보이더란다.

다음 날, 딸은 이런 생각이 들었다며 나에게 말했다.

"엄마! 나는 절대로 주름살 없애는 주사는 맞지 않을 거야. 내 주름은 한 해 한 해를 무사히 지낸 흔적이잖아. 나는 주름살을 나의 지나온 세월의 기록으로 받아들일 거야. 주름이 하나 생길 때마다, 지난해도 무사히 아프지 않고 잘 지냈구나 하고 생각해. 그래서 빨리 빨리 주름살이 많이 생겼으면 좋겠어. 그러면 세월이 그만큼 간 것이고 우리 아이 셋이 더 자란 거잖아. 나는 아이들의 졸업식도 보고 싶고, 결혼식도, 아이를 낳아 기르는 것도 보고 싶어."

딸의 어깨가 위로 올라가더니 깊은 곳에서 숨을 토해냈다. 동시에 딸의 시선이 벽에 걸려있는 세 아이의 사진에 머물렀다. 그런 딸의 모습이 수채화처럼 흐릿하게 나의 눈에 번졌다. 머릿속에서는 지난 몇 년 동안 죽을 만큼 힘들었던 일들이 필름처럼 빠르게 돌아갔다.

"엄마! 내 꿈은, 오래 살아서 아이들의 모든 일을 다 보고 싶은 것밖에 없어. 주름살이 생길수록 나는 정말 그 주름살에 애정을 부을 거야. 얼굴에 점이 생겨도 주름이 생겨도 나는 다 그게 오히려 아름다운 것 같아. 나이를 먹어 주름이 좀 생기면 어때! 살아 있다는 증거잖아. 그래서 한 해 한 해 시간이 지나간다는 게 너무 행복해. 날마다 행복하고 감사해!

엄마도 행여나 주름살 없앨 생각 절대 하지 마! 그냥 주름살을 잘 가꾸어 엄마의 지나온 세월로 간직하면서 깨끗하게 늙어 가. 알았지!"

서른일곱 젊은 나이에 큰 병을 두 번이나 겪으며 죽었다가 살아난 딸. 고난을 겪고 난 딸은 오히려 나보다 더 강해졌다.

지난 세월을 함께한 눈가의 가는 주름이 새삼스럽게 딸의 얼굴을 더 돋보이게 했다. 마음에 주름이 없다는 것이 얼마나 감사한 일인가.

문득 미국의 시인이며 소설가인 토마스 베일리(1836~1907)의 글이 생각났다.

'주름이 생기지 않는 마음, 희망에 넘치는 친절한 마음과 늘 명랑하고 경건한 마음을 잃지 않고 꾸준히 갖는 것이야말로 노령을 극복하는 힘이다.'

그때 그 시절

1959년, 그러니까 지금으로부터 60년 전, E대학에 입학해서 기숙사 본관에 들어갔다. 다른 친구들은 신관이 좋다고 하지만 나는 고풍스러운 본관 건물이 운치도 있고 멋스러워 더 좋았다.

화창한 봄날이었다. 열한 시에 수업이 끝나고 열두 시에 있는 채플 시간까지는 한 시간이나 여유가 있어 기숙사로 발길을 향했다. 기숙사 복도는 대낮인데도 어둑하고 고요했다. 아무도 없는 방 침대에 누우니 편안하고 노곤해져 스르르 잠이 들었다.

깜짝 놀라 눈을 뜨니 오 분 전 열두 시였다. 채플 시간! 정신없이 대강당을 향해 뛰었다. 대강당 문은 철통같이 닫혀 흔들어도 꿈쩍을 하지 않았다.

아! 천국 문도 이렇게 닫혀버리면 어떡하지 하는 생각이 순간적으로 들었다.

미션 대학이라 일주일에 3번, 12시에 대강당에서 30분씩 예배를 드렸다. 그때마다 조교가 출석을 체크했다. 기독교문학 과목은 선택이 아니라 필수였다. 그만큼 예배를 중요시했었다.

다시 기숙사로 맥없이 걸어가는데 샛노란 개나리가 양쪽 길을 따라 만발해 있었다. 갑자기 고향 집 담장에 피어 있을 개나리가 생각나 눈물이 핑 돌았다. 고향 집으로 훌쩍 기차를 타고 떠나버리고 싶은 슬픈 마음이 들었다.

열두 시 삼십 분에 기숙사 식당 문이 열린다. 채플이 끝나거나 수업이 끝난 학생들은 우르르 식당 문으로 몰려들었다. 천여 명이 들어가는 식당은 모두가 한창 피어나는 개나리꽃들이었다.

교내 식당이 아니고 기숙사생들만을 위한 식당이었다. 삼삼오오 짝을 지어서 떠들썩하게 몰려들었다가 썰

물처럼 순식간에 먹고 각자의 방으로 또는 수업으로 빠져나갔다.

기숙사는 한 방에 네 명이 있었다. 우리 방 식구는 영문과, 약학과 예쁜 두 언니와 신입생인 사학과 친구가 나와 함께 침대를 마주했다. 세 명이 모두 경상도 사투리로 말을 할 때는 무척 혼란스러웠지만, 나는 곧 익숙해져 친하게 됐다.

네 명이 동고동락을 하므로 누군가 한 사람한테 연애편지가 오면 공동으로 읽어 보고 평을 하고 답장도 공동 작업으로 쓰곤 했다. 만나러 갈 때도 우리는 같이 나가 먼발치에서 그들을 보고는 돌아와서 평을 같이 했다. 이렇게 젊음과 함께 우리들의 청춘은 무르익어 갔다.

우리 방인 202호는 다락방(多樂方)이라고 이름을 붙여 놓았다. 저녁이면 점호가 시작되기 전에 옆방 식구들이 다 모여 같이 연속방송을 들으면서 울기도 웃기도 하며 떠들썩했다. 그 당시는 기숙사에 텔레비전이 없었기에 파나소닉 라디오에 귀를 기울일 때였다. 그 당시 대단한 인기를 끌었던 한운사 작 연속방송극 〈현해탄은 말이 없다〉를 들으며 빠져들어 가기도 했었다.

아침 식사 당번이 정해지는 날은 30분 일찍 식당으로 가서 아줌마들을 도왔다. 일곱 시 식사 시간에 대표 기도가 '아멘!' 하며 끝남과 동시에 밥그릇 소리, 숟가락 소리가 순식간에 왁자지껄해진다. 그 소리는 정말 생동감이 있고 아침을 활기차게 여는 아름다운 소리였다.

지금까지도 잊을 수 없는 반찬 중의 하나는 계란 프라이이었다. 흰 밥에 계란 프라이가 상큼하게 올려져 있는데 보는 순간 군침이 확 돌았다. 계란 프라이를 어쩌면 그렇게 예쁘고 깔끔하게 부쳤는지…… 또 노른자는 반숙으로 적당하게 익어서 뜨거운 흰밥에 비비면 금세 색깔이 어우러져 병아리색으로 물들었다. 거기에다 진간장을 약간 쳐서 간을 맞춰 멸치볶음에다 먹으면 정말 환상이었다. 행복한 아침 식사였다. 그런 날은 아줌마들이 새벽 두 시에 일어나 계란 천 개를 부치기 때문에 다른 반찬은 할 수가 없다고 했다. 다른 반찬이 없어도 모두가 게 눈 감추듯 먹어 치웠다.

방학 때, 집에 와서 똑같이 해 먹어 봤지만 절대로 그 맛이 안 났다.

식사가 끝나고 나면 당번들은 뒤처리를 도왔다. 아줌마들은 가마솥에서 만들어진 노릇노릇한 누룽지 한 광주리를 수고했다며 당번들 앞에 내놓았다. 우리는 방 수 대로 똑같이 나눴다.

여럿의 눈이 순식간에 핑핑 돌아갔다. 하지만 우리는 언제나 제일 크고 먹음직스러운 누룽지를 차지해서 방으로 가져왔다. 누구보다 잽싸고 야무진 사학과 친구 때문이었다. 어찌나 방 식구들을 잘 챙기는지 항상 덕을 톡톡히 봤다. 그렇게 가져오다 보니 너무 약삭빠르게 집어왔나 싶어 그 친구는 언제나 후회를 했다.

"언니들예, 우째 그랬을까예. 마, 창피해 죽겠심더."

기숙사에 들어가기 전까지 나는 제때 식사를 하지 않아 항상 체증을 끼고 살았었다. 그런데 기숙사 생활을 한 후부터는 위장병을 깨끗이 고쳤다. 남자들이 군대 생활에서 많은 것을 고치듯이. 저녁에 출출하면 어머니가 만들어 준 고추장볶음을 꺼내놓고 오징어 다리를 쭉쭉 찢어 고추장에 찍어 먹어도 별 탈이 나지 않았다.

즐거웠던 기숙사 생활. 방 식구들은 지금 다 어디에

서 어떻게들 살고 있는지…… '반갑다! 친구야!'라는 방송 프로에라도 나가면 만나볼 수 있으려나…….

이렇게 그리울 줄 알았으면 모월 모시에 김활란 박사 동상 앞에서 만나자는 약속이라도 해두었을걸. 세월이 흘러갈수록 인생에서 가장 아름다웠던 그때 그 시절이 마음에 머문다.

대박의 꿈

한국에서 온 친구 부부를 위해서라는 핑계로 네 가족이 라스베이거스에 갔었다.

그곳을 간다고 하니 주위의 친구들이 십 달러씩 주면서 자기네들 몫으로 슬롯머신을 당겨보라고 했다. 모두가 '혹시나' 하는 마음이 있음을 부정할 수가 없었다. 엄청난 돈이 복권이나 잭팟에서 터졌다는 뉴스를 들을 적마다 지레 겁이 난다. 만약에 내게 그런 돈이 생긴다면, 그 돈으로 인해 닥쳐올 새로운 인생이 엄청나서 아예 사지도 않는다고 했더니, 친구들은 꿈도 야무지다고 빈정댄다.

친구 돈 십 달러를 가지고 일 달러짜리 슬롯머신에 넣을까 아니면 이십오 센트짜리에 넣을까 잠시 고민하는 사이에 나는 문득 혹시 잭팟이 터진다면 과연 친구의 돈이었다고 말할 수 있을까 하는 생각이 스쳤다. 제발 아무것도 나오지 말기를 빌면서 버튼을 눌렀더니 주는 대로 꿀떡꿀떡 잘도 들어간다.

그곳에 사는 한국식당 주인 말이 슬롯머신에서 나오는 수입의 80%로 라스베이거스가 유지된다고 했다. 넣는 대로 꿀떡하는 것을 뻔히 알면서도 '혹시나' 하는 생각을 하게 된다. 도박이 뭔지도 모르는 나 같은 사람도 그런 마음이 드는데 잭팟을 경험한 꾼들은 어찌 '대박의 꿈'을 바라지 않겠는가.

이런저런 생각을 하며 퉁퉁 떨어지는 소리가 나는 쪽으로 고개를 돌리다 건너편에서 룰렛을 하고 있는 동양 남자가 눈에 띄었다. 나도 모르는 사이에 발길이 그쪽으로 향해 가고 있었다. 서로의 눈길이 마주치는 순간 한국 사람이라는 눈빛을 감지했다.

도박에는 너무나 문외한이라 나는 얼마짜리 칩을 가지고 베팅을 하는지조차 모른다. 하지만 그가 베팅하는 것이 심상치 않다는 것은 구경하는 주위 사람들의 시선으로 눈치를 챌 수 있었고, 그 남자 앞에 쌓여 있는 칩으로도 알 수 있었다.

한참을 보고 있었더니, 칩은 천 달러짜리에서부터 이십오 달러짜리까지 있었다. 그 남자는 삼십육 번까지 있는 룰렛 판에 거의 반 이상을 백 달러짜리 칩으로 채우고 있었다. 그는 번번이 싹쓸이 당하고 있었다.

조금 있으니 매니저가 나타나 반갑게 악수를 하고 껴안는 것으로 봐서 분명히 큰 단골인 것 같았다.

종이에 사인을 하면 천 달러짜리 칩을 한 뼘이 되게 줬다. 그는 그것을 백 달러짜리로 바꿔서 순식간에 이삼천 달러를 휙 싹쓸이 당했다. 냉수를 들이켜는 손가락에 결혼반지가 슬프게 번쩍하고 내 눈에 들어왔다. 만 달러가 순식간에 없어졌다. 그리고 또 칩을 바꾸고 또…….

그러다가 한번 맞으니 순식간에 팔천 달러어치 칩이 앞에 쌓였다. 주위의 시선이 모두 그 사람한테로 집중된다. 그는 표정 하나 바꾸지 않고 냉수를 들이켜고 다시 칩을 서른여섯 자 숫자 중 여기저기 깔아 놓았지만,

주사위는 번번이 빗나갔다. 그는 갑자기 정신없이 어디론가 뛰어갔다. 나는 그가 뛰어가는 곳이 어딘가 싶어 그의 뒤를 따랐더니 화장실로 들어갔다. 그는 곧 뛰어나와 가쁜 숨을 돌릴 틈도 없이 또 베팅을 했다.

나는 남자를 무려 두 시간 동안을 바라보며 온갖 생각을 머릿속에 그리고 있었다. 결혼반지가 있으니 아내가 있을 것이고, 삼십 중반쯤 돼 보이니 아이도 있을 것이다. 그러면 가족들은 지금 어디에 있으며, 그는 이렇게 많은 돈을 물 뿌리듯 해도 되는 것일까. 궁금한 것이 한두 가지가 아닌 채 나는 이 젊은이를 눈에서 떼지 못하고 지켜보고 있었다.

며칠 전 신문에 난 기사가 바로 여기에서 펼쳐지고 있구나 싶었다. 경마에 빠져 2억여 원이라는 전 재산을 날린 뒤 이혼까지 당하고 갈 곳 없이 길을 헤매고 있는 전직 회사원, 택시 운전을 하다가 경마에 손대 택시 면허증까지 날리고 막노동을 하면서도 주말이면 경마장 주변을 배회하며 여전히 '대박의 꿈'을 버리지 못하고 있는 어느 기사의 이야기.

도박은 대부분이 처음에는 심심풀이로 베팅을 시작

했다가 한번 고액을 맞히게 되면 이를 평생 못 잊어 그 환상에서 벗어날 수 없게 된다고 한다.

요즘 한국에는 내국인 출입이 가능한 카지노가 여기저기 세워지고 있다 한다. 세 사람만 모이면 화투장을 잡는다는 투기성이 강한 국민 성향에 정부와 지자체 공공기관들마저 도박 산업에 뛰어드는 것은 비난받아 마땅하다고 지적했다.

얼마 전 이곳 로스앤젤레스 방송에서 들은 얘기다. 가디나시에 있는 카지노 도박장에 친구 쫓아 우연히 처음 간 사람이 재미로 슬롯머신에 일 달러짜리를 넣었다가 '대박'이 터진 것이다. 그는 그날의 꿈에 사로잡혀 아내 몰래 또 말려도 한밤중에 도망해 카지노에 빠지게 되었다. 남편을 구해 달라는 아내의 목소리였다.

몇 년 만에 가본 라스베이거스는 파리를 연상하는 도시, 베네시안, 피라미드 모형의 호텔 등, 도박으로만 이루어진 거대한 대도시로 무한정 발전하고 있었다. 갈수록 커지기만 하는 도시를 보며 나는 가슴이 답답해졌다. 이곳에 와서 과연 몇 사람이나 횡재를 하고 가며, 그 사람들이 과연 이곳을 다시 찾지 않을 수 있을까?

일행인 친구는 삼 년 전, 슬롯머신에서 만 달러가 터졌는데 결국은 더 큰 것이 터질 것 같은 예감에 일 년 만에 몇 번을 와서 그 이상을 잃고 자중했다고 경험담을 말했다.

도박을 하다 결국에는 패가망신하는 사람이 한두 사람인가. 한탕 하겠다는 과욕이 낳는 결과이다. 과욕은 불행을 불러오고 죽음까지도 가져올 수 있다.

물질만능 시대라지만 우리의 가치관을 어디에 두고 살아야 하는가를 생각해 볼 때이기도 하다. 물질은 우리를 조금 편리하게 해 줄 뿐 그것이 우리의 행복을 가져다주는 것은 아니라는 깨달음이 온다.

하루하루 충실하게 자기 할 일을 하며 작은 것에서 행복의 의미를 부여하는 삶을 산다면 성공한 삶이 되지 않을까.

기다림이 있는 둥지

로스앤젤레스의 한국 양로원에 있는 최 할머니를 우연한 기회에 알게 되었다. 서울에 계신 어머니가 보고 싶을 때, 나는 습관처럼 그곳으로 달려가곤 한다.

그날도 수수부꾸미, 인절미, 밑반찬을 준비해서 갔었다. 화창한 봄과는 거리가 먼 건물 안의 긴 복도는 눅눅하고 퀴퀴한 공기가 하나의 다른 세상을 이루고 있었다.

한 방에 네 명씩 있는 열린 노인들의 방을 그냥 지나치지 못하고 습관처럼 양쪽으로 고갯짓을 하며 마치 사열식을 하듯 점검하게 된다. 누워 있는 분, 앉아 있는 분, 모두 고개는 문 쪽을 향한 채 하염없이 누군가를 기다리는 허망한 눈빛이 뇌리에 가시인 양 박힌다.

이곳은 문득 오래전 대학교 기숙사를 연상하게 되고, 그곳에서 젊음의 꽃을 피우며 미래를 계획했던 일들이 엊그제 같아 세월의 무상함을 느끼기도 했다. 그때의 선배들이 지금쯤 혹시라도 양로원에 있는 분이 있다면, 연보랏빛 꿈을 꾸던 기숙사를 연상하고 밝게 긍정적인 생활을 할 수 있었으면 하는 바람을 가져본다.

쵀 할머니가 있는 방의 네 분 중 두 분은 자신이 누구인지 어떤 삶을 살았었는지 전혀 기억하지 못하는 노인들이다. 벽에는 큰 글씨로 밥, 물, 변소, 약 등을 적어 놓았으며 그 옆에 스페인 말로 토를 달아 놓았다. 시중드는 간병인들이 거의가 멕시코 여자들이기 때문이다.

또 다른 벽에는 길쭉한 옷장, 네 개가 나란히 있는데 자물쇠가 채워져 있기도 했다. 잠그지 않아도 이 안에서는 아무것도 잃어버리지 않는다. 그래도 잠가야 안심이 되는 노인들의 마음이 애처롭다. 침대 밑에도 무슨 박스들이 갈 때마다 늘어나는지, 모든 것을 정리할 때인데도 자꾸만 늘리고 있는 모습들이 어쩔 수 없는 인간의 물욕에 대한 집착으로 보였다.

최 할머니 침대 옆 스탠드에 눈길이 갔다. 할머니와 할아버지 그리고 딸과 함께 찍은 흑백 빛바랜 사진 한 장이 아름다웠던 지난날의 추억을 말해줬다.

할머니는 구십 세라는 연세가 도저히 믿어지지 않을 정도로 곱고 깨끗해서, 나이가 들었어도 또 다른 아름다움을 느낄 수 있었다. 할머니의 고운 주름살은 지나온 인생의 역경들과 기쁨을 조화시켜 잘 견뎌낸 연륜의 흔적으로 보였다.

무남독녀 외딸을 일찍 하늘나라에 보낸 후 참척의 아픔을 견뎌내고 이제는 슬프지 않다고 했다. 할머니의 가슴에 딸을 묻고 아픈 만큼 아름다운 진주로 탄생시켜 삶에서 보여주고 있는 것 같았다. 할아버지와 딸이 먼저 가서 기다려주고 있으니 행복하지 않는가라고 반문하며 오히려 나의 젖은 눈을 바라본다. 슬픔을 승화시킨 할머니의 모습은 세상에 어머니들만이 가질 수 있는 들에 핀 야생화의 삶과 같다는 생각이 들었다.

화장실이 구석에 있고 그 옆에는 작은 플라스틱 통에 얼음 봉지와 함께 짭짤한 밑반찬이 몇 가지 들어 있었다. 얼마 전에 만들어 왔던 장조림이 너무 맛있어 죽을 매번 다 먹었다며, 다음에 올 때는 냉장고가 없어 상하기 쉬우니 더 짜게 해오라고 했다.

최 할머니는 밤이 되면 온몸이 쑤시고 아파 진통제를 먹어야 하지만 참을 만하다고 하셨다. 그래도 치매증세가 없으니 얼마나 감사하냐며 함박웃음을 지었다. 아마도 타고난 명랑한 성격에다 긍정적인 생각으로 주위 사람들에게 기쁨을 주니 어찌 행복하지 않을까?

아침에 일어나면 깨끗하게 차리고 노인네들 방을 한 바퀴 쭉 돌아 마치 점검을 하듯 아침 인사로 하루가 시작된다.

아침 식사 끝나고 나면 말 상대가 필요한 할머니를 찾아다니며 이야기를 들어준다. 대화란 노인들에게 가장 중요한 일이기도 하다. 최 할머니는 일체 본인의 이야기는 접어둔 채 상대방의 이야기를 끊임없이 들어주는 인내심이 있었다. 그래서 이곳에서 할머니의 인기는 뜨는 해이다. 밑반찬 가져오라는 것도 분명 주위의 노인네들을 위한 것일 것이다.

최 할머니 침대 옆에는 동갑인 박 할머니가 치매기가

왔다 갔다 했다.

"아들 셋이 다들 성공했어. 큰아들 네는 집도 크고 뜰도 넓지. 노인이 오르내리기 힘들다고 아래층 방을 주었지. 창밖을 내다보면 온갖 꽃들이 보여. 내가 좋아하는 백일홍, 금잔화, 봉선화를 해마다 아들은 심어주었어. 지금쯤 진달래, 개나리도 만발했을 거야. 산도 보이고 초가집도 보이고 소달구지도 지나갈 거야. 다음 주에 나 집에 가. 아들이 데리러 올 거야."

똑같은 말을 3년째 하고 있지만, 아들네는 가물에 콩 나듯 왔다. 집에 다시 돌아간다는 것은 박 할머니의 희망사항이며 오락가락하는 정신 속에서도 한 가닥 꿈이다.

어느 날, 박 할머니는 심장마비로 갑자기 숨을 거뒀다. 자식들에게 보내는 마지막 편지와 그동안 용돈도 쓰지 않고 모아 놓은 것이 침대 밑에 꼬깃꼬깃 접혀 있었다.

'사랑하는 아들아! 너희들이 데리러오기 전에 먼저 집으로 가는 어미를 용서해라.'

박 할머니의 영혼은 충청도 고향 마을에 가셨을 거라

고 나는 믿는다. 박 할머니의 죽음은 최 할머니에게 커다란 충격이었다. 몇 년을 자매처럼 지냈기 때문이다. 박 할머니의 깊은 사연은 물론 한숨 소리, 침묵의 의미까지도 짐작할 수 있었으니, 슬픔을 가누지 못하고 최 할머니는 드디어 몸져누워버렸다.

황혼의 인생, 50대, 60대로 다시 돌아갈 수 없는 일방통행.

양로원의 노인들에게도 한때는 젊음이 있었고 뜨거웠던 사랑도 있었으리라. 아낌없는 사랑과 희생을 남편과 자식들에게 쏟아붓고 살았었다. 이제는 아름다웠던 지난 세월을 뒤로 한 채, 자신에게 허락된 공간인 두 평 안에서 그들은 무엇을 느낄 것인가. 그래도 느낌이 있는 분들은 그나마 다행이다.

자기가 누구인지 모른 채 지내고 있는 노인들을 바라보는 내 가슴은 아픔이었다.

저 나이가 되었을 때 내 모습은 어떨까?

무엇을 남겨줄 것인가

"어머니는 건강하시니?"

"말도 마라. 요즘 우리 어머니 전화만 받으면 스트레스가 쌓인다."

서울에서 걸려온 친구의 짜증난 목소리였다. 그녀는 딸 넷에 아들이 하나 있는 집안의 맏이다. 맏이답게 항상 마음의 여유가 있고 성격이 부드러워 친구들은 다 그녀를 좋아하는 편이다.

친정아버지가 돌아가시자 유산 문제가 남겨졌다. 남겨진 그 많은 재산을 전부 아들한테 주겠다는 어머니의 뜻에 따라 딸들은 말 한마디 못하고 고스란히 포기각서에 도장을 찍어야 했다.

아들의 사업이 실패할 경우에 어머니는 어떻게 살 것인가. 포기각서에 도장을 찍지 말고 딸도 엄연히 법적으로 상속권이 있으니 악착같이 몫을 받아야 된다. 어머니와 의가 상하더라도 자기 몫을 받아 꼭 쥐고 있다가 나중에 필요할 때 드리면 더 효녀가 되는 것 아니냐. 그래도 어머니가 원하는 일이니 그 뜻에 따르는 것이 도리다.

얼마 동안 주위에서는 이렇게 의견들이 분분했었다. 친구도 그런 얘기를 들을 때마다 마음이 흔들려 며칠씩 잠을 못 자곤 했었다. 지금 불효를 했다가 나중에 더 효녀가 되는 상상도 해 보았지만, 사람의 마음이란 자주 변하기 때문에 그 방법도 믿을 만 하지가 않았다. 특히 큰딸이기 때문에 여동생들은 언니의 처사에 따르겠다고 하니 얼마나 책임이 막중한가.

얼마를 고민하다 친구는 나중에 어떻게 되던 평생 아버지가 번 돈이니 어머니 마음대로 하게 하는 것이 자식 된 도리라는 결정을 했다. 동생들을 잘 이해시켜 포기각서에 도장을 찍게 했었다.

평생 딸이 좋다던 어머니는 어쩐 일인지 유산 문제에 닥쳐서는 철저하게 아들 편으로 백팔십도 바뀌어 버렸다. 딸들은 어머니께 농담 반 진담 반으로 배신감 느낀다고 얘기를 했을 뿐 섭섭함을 노골적으로 표현하지를 못했었다.

끝에 두 동생은 박봉에 허덕이며 사는데 언니의 의견을 따르자니 억울했을 것이다. 그래도 그렇게 결정을 하고 나서 딸들끼리 서로들 잘한 일이라고 다독거렸었다. 돈 때문에 부모형제 간에 의가 상해서야 되겠는가.

그 당시의 이런저런 상황을 친구는 내게 의논 겸 털어놓곤 했었다. 나는 친구를 칭찬했고 속으로 감탄도 했었다.

"정말 잘한 일이야. 너를 친구로 두었다는 사실이 자랑스럽다."

노력해서 번 돈이어야 가치가 있지, 불로소득으로 얻은 돈은 아무런 의미가 없지 않겠냐고 위로도 했었다.

사실 객관적인 입장에서 말하기는 얼마나 쉬운가. 나에게도 그런 일이 실제로 닥쳤다면 미련 없이 포기할 수 있었을까? 똑같은 자식으로 태어나 아들딸을 편견

해서 공평치 못하게 일 처리를 한다는 것에 아마도 반기를 들지 않았을까 싶다.

아들과 딸이 이렇게 다른 것인가?

그로부터 육 년이 지난 후 친구는 어머니에 대한 고민이 시작된 것이다. 남동생은 워낙 헤픈 데다 목돈이 들어왔으니 빌딩에 외제차를 사고, 해외여행도 뻔질나게 다니며 몇 년 동안 호화롭게 살았다. 곶감 꼬치 빼먹듯 빌딩 전셋돈을 야금야금 집어쓰게 된 것이었다. 그런데다 IMF가 예기치 않게 들이닥쳐 빌딩값은 뚝 떨어지고 세는 들어오지 않아 급기야는 빌딩을 팔아도 빚을 못 갚을 정도가 되었다. 그러니 용돈마저 궁하게 돼버린 어머니는 자연히 만만한 큰딸한테 하소연한다는 것이었다.

돈 한 푼 받지 않았던 딸들은 그동안 열심히 저축하고 알뜰하게 살아왔는데 이제 와서 어머니의 용돈을 거둬야 될 형편이 되었으니, 자연 딸들의 불평이 모두 아들한테로 향할 수밖에 없었다.

희한한 일은 친구의 어머니다. 딸들한테 죽는소리를 하면서도 아들에 대한 불평 한마디 안 하는 것을 친구는 이해할 수가 없다는 것이다. 아들한테 모든 것을 준 기쁨을 가슴에 보물처럼 간직하고 있는 것일까? 똑똑하고 현명했던 친구의 어머니는 지금도 과연 아들을 위해서 잘한 일이었다고 생각하고 있을까?

얼마 전 한국 신문에서 몇몇 뜻있는 분들이 '유산 안 남기기' 운동을 조용히 일으키고 있다는 기사를 읽었다. 재산을 사회에 환원하자는 운동은 재벌들에게만 해당되는 말이 아니다. 우리 모두가 귀를 기울여야 한다고 생각된다.

유한양행 창업주, 고 유일한 씨도 '대학까지 공부시켰으니 앞으로는 자립해 살라'는 말을 남기고 전 재산을 사회에 환원시켰다.

미국의 철강 왕 앤드류 카네기는 '상속은 자식들의 재능과 에너지를 망치는 것'이라며 전 재산을 도서관을 짓고, 자식들에게 한 푼도 물려주지 않았다 한다. 오늘날까지 카네기의 이름이 살아있어 인구에 회자되는 것은 부자였다는 사실보다 평생 노력해서 자신이 이룬 부를 사회에 환원했기 때문이다.

며칠 전 시애틀에 사는 친구한테서 전화가 왔다. 그

친구 부부는 육십 년도에 유학생으로 돈 한 푼 없이 미국에 와서 밥을 굶으면서 공부를 했었다. 평생 그때의 일을 못 잊어 쌀 한 톨을 아끼는 친구네는 비즈니스에 성공해 많은 재산을 모았다.

그녀는 담담하게 속마음을 털어놓았다. 오래전부터 계획했던 자선사업을 남편과 구체적으로 의논 중이라고 했다.

"자식들을 바보 만들고 싶지 않다고 결정을 내렸어. 돈이란, 세상에서 사는 동안 우리에게 잠시 맡겨진 것이지 결코 내 소유는 아니야!"

나는 무슨 말인가를 해야 된다는 생각이 머리에서 맴돌 뿐 말이 되어 나오지를 않았다. 전화를 끊고 가만히 창문을 열었다.

창밖으로 막 지는 노을을 바라본다. 황혼이 이처럼 내 마음에 아름답게 다가오기는 실로 오랜만인 것 같았다. 기쁨으로 가슴은 저리고 어느덧 눈시울이 젖어온다.

할미꽃 간호사

수필 〈프리지아 간호사〉가 신문에 실린 다음 날이었다. 주위의 한국 간호사들이 수필을 보았다며 주인공이 누군지 궁금하다고 물었다. 아무래도 같은 동료의 이야기이니 관심이 갔을 것이다. 그들은 농담 반 진담 반으로 자기네들 이야기도 써달라며 졸랐다. 나는 자신도 없으면서 마치 물건을 주문받듯 서슴없이 그들의 주문을 척척 받았다.

“나는 장미꽃으로 해주세요! 나는 코스모스, 수선화, 목련…….”

제 나름대로 좋아하는 꽃들을 열거해댔다. 발랄하고

명랑한 최 간호사는 누군가가 옛날에 자기보고 칸나 같다고 했었는데 하며 정열이 불탔던 간호학교 시절의 낭만을 줄줄 엮어나갔다. 추억에 젖어 말하는 그녀의 눈엔 꿈 많던 젊음의 생기가 묻어났다.

복스럽게 생긴 무던한 홍 간호사는 함박꽃으로 해달라며 홍조를 띠고 싱그럽게 웃었다. 자기 차례를 기다렸다는 듯 조 간호사는 장미꽃으로 해달라며 호들갑을 떨었다. 그녀는 첫 근무했을 때의 일을 어제의 일인 양 실감 나게 말했다. 잘생긴 인턴이 자기에게 장미꽃을 매주 한 번씩 보내왔다. 하지만 그럴수록 그녀는 콧대가 더 높아져 거들떠보지도 않았다. 조 간호사는 그때의 일을 무슨 표적처럼 가슴에 달고 다녔다. 같은 여자의 눈에도 예쁜 조 간호사의 인기를 가히 상상하고도 남을 만했다. 그러나 장미에 가시가 있듯 그녀도 톡톡 쏘기를 잘했다. 친절이 우선인 간호사라는 직업과 어울리는 편은 아닌 듯 보일 때가 있었다.

어쨌거나 원하는 대로 글이 척척 써졌으면 얼마나 좋을까. 꽃과 비교해 그들의 모습을 관찰해보니 비슷한 점이 많아 신기했다. 꽃에 각기 다른 색깔과 향기가 있듯이 사람들에게도 그들 나름의 천태만상의 성격들이 있었다.

우리 인간들은 외모나 실력이 남보다 조금만 나아도 금세 교만해지고 안하무인격이 되는 경우가 많다. 어리석은 우리들이 감히 꽃들의 침묵을 깨달을 수 있을까. 꽃들은 교만하지 않고 인내할 줄 알며 어느 곳에서나 각자의 본분을 다하고 있었다. 자연의 섭리를 반항하지 않고 묵묵히 겸손하게 받아들인다.

한참을 떠들다 옆을 보니 유 간호사가 조용히 미소만 짓고 있었다. 모두들 흥분해서 한마디씩 유 간호사에게 물었다.

"자기는 무슨 꽃이 좋아?"

몸매가 가냘픈 그녀에게 코스모스로 해라, 수선화로 해라 온갖 그럴듯한 꽃 이름들을 붙여댔다.

"언니! 나는 왠지 옛날부터 할미꽃이 좋아요."

수줍은 듯 고개를 숙였다.

"애 좀 봐! 하필 늙어 꼬부라진 할미꽃이람? 청승맞게, 기운 빠져! 하여튼 애는 젊은 애가 박력이 없다니까, 알아줘야 해!"

주위에서들 중구난방으로 한마디씩 핀잔을 주었다. 나는 '할미꽃'이란 말에 갑자기 정신이 번쩍 들며 잊고 지냈던 고향의 언덕이 생각났다.

젊어서 폐병으로 죽은 이모의 무덤가에 피어 있던 할미꽃. 털북숭이 할미꽃은 멋쟁이 이모의 자줏빛 비로드 치마 색깔이었다. 고개 숙인 할미꽃은 무덤 속 망자의 슬픔을 대신해 주듯 금방이라도 눈물이 주르르 흐를 것만 같았다. 나는 말로만 듣던 할미꽃이 이렇게 예쁜 줄 정말 몰랐었다.

할미꽃은 줄기 끝에 자줏빛 꽃 한 송이가 고개를 숙이고 있어 백두옹(머리가 하얀 노인)이라고도 한다. 할미꽃의 유래는 이렇게 시작된다.

부모 잃은 손녀를 시집보내놓고, 할머니는 손녀가 보고 싶어 산마루에 앉아 손녀의 집을 마냥 내려다봤다. 그러다가 지쳐 잠이 들었다. 얼마 후 손녀사위가 지나가다 자고 있는 할머니를 깨웠으나 할머니는 죽어 있었다. 그 후 할머니 무덤가에 이상한 꽃이 피었다. 손녀는 그 꽃을 '할미꽃'이라고 이름 지었다고 한다.

모든 꽃이 고개를 들고 '날 좀 보소'하는 얼굴인 데 비해 할미꽃은 고개를 숙이고 겸손하게 안으로 강인함을 감추고 있는 모습이다. 이런 할미꽃을 보고 있노라면 저절로 고개가 숙어진다. 아마도 늙어서도 아름다울 수 있는 비결은 고개 숙인 할미꽃의 진리를 터득하는 길이 아닐까 싶다.

신기하게도 유 간호사는 할머니 손에서 자랐다. 그녀는 어딘지 모르게 슬퍼 보였고 남을 배려할 줄 아는 조용하고 겸손한 성격이었다. 그리고 천사 같은 간호사의 이미지를 풍겼다.

할미꽃의 겉은 털북숭이 짙은 자줏빛이지만 가만히 들여다보면 불타는 흑장미 같기도 했다. 또 노란 꽃술들이 촘촘하게 알이 꽉 차 있어 외유내강인 유 간호사의 성격과 비슷한 것 같았다. 연약하고 힘없어 보이지만 환자를 다룰 때는 할미꽃의 꽃술처럼 강인한 모습이 나타났다. 어쩌면 할미꽃 생리를 그대로 닮지 않았을까.

얼마 전 임신 중에 헤로인을 복용한 어떤 산모가 아기를 낳았다. 그녀에게 금단현상이 일어났는지 발작을 일으켰다. 옆에 있는 식기나 화분을 있는 대로 집어 던졌다. 유 간호사는 잠시 바라보고 있다가 산모에게 조용히 다가갔다. 그는 그녀의 손을 끌어다가 자기의 가슴에 꼭 품었다.

난리를 치던 산모는 조금씩 수그러들 더니 간호사의 가슴에 얼굴을 파묻고 어깨를 떨기 시작했다. 그녀는 가만가만 환자의 등을 엄가가 아기를 잠재우듯 토닥거려 주었다. 고개 숙이고 있는 간호사에게도 눈물이 반짝 비쳤다.

할미꽃 간호사는 남편까지도 그녀에게서 등을 돌린 미운 아기엄마를 불쌍한 마음으로 다독거렸다. 비로드 같이 부드러운 할미꽃 간호사! 그녀의 따뜻한 손길은 우리 주위를 밝게 비춰줄 것이다.

화재가 주는 교훈

2019년 10월 10일 밤 12시 10분에 아이 폰이 머리맡에서 울렸다. 무음 장치로 해놓지 않은 것을 후회하며 보니 딸의 이름이 떴다. 실마 쪽에서 산불이 났는데 바람을 타고 서쪽으로 옮겨 오고 있으니 엄마도 뉴스를 계속 지켜보라고 했다.

침대에서 벌떡 일어나 텔레비전 채널을 돌렸다. 소방대원들이 타고 있는 집에다 큰 호스를 들이대고 물을 뿌리고 있었다. 웬만한 체력으로는 호스를 감당하기 힘들 것 같았다. 위험을 무릅쓰고 필사적으로 화마와 싸우고 있는 모습이 위대해 보였다.

뭘 먼저 해야 할지 모른 채 머리가 갑자기 띵해졌다.

그때 밖에서 대문 두드리는 소리가 요란하게 들렸다. 누구냐고 묻지도 않고 문을 벌컥 열었더니, 바로 옆집 젊은 남자 캐넌이었다. 저 앞산의 불 좀 보라며 나를 떠밀다시피 길로 데려갔다. 캄캄한 하늘에 불바다가 높은 산을 향해 치솟고 있었다. 그 순간 갑자기 네로 황제가 생각날 게 뭐람. 고개를 저었다.

우선 약을 챙기고, 패스포드, 집 등기문서가 들어 있는 서류 봉투, 작은 가방에 속옷들을 챙기다가 문득 책상 위로 눈이 갔다.

아참! 랩톱 컴퓨터! 내가 이걸 생각해냈다는 게 스스로 기특했다. 나의 모든 정보와 작품들이 저장돼 있는데, 만약에 이 랩톱 컴퓨터가 없어진다면 어떻게 되겠는가? 생각만 해도 끔찍했다. 어떤 재산보다도 가장 중요한 나의 분신인데 말이다. 보물처럼 가방에 챙겼다.

그리고 또 뭘 챙겨야 하지? 항상 읽는 성경책은 첫 번째로 핸드백에 넣었다. 체크 북과 함께 이달에 내야 할 청구서들을 차근차근 챙겼다. 이만하면 됐지 싶었다.

이러고 있는데, 친구가 빨리 교회로 오지 않고 뭐 하

고 있냐고 전화로 성화를 해댔다. 그 전화를 받자 아! 가장 좋은 곳이 가까이에 있다는 것을 왜 몰랐을까. 그 때가 새벽 세시 반이었다.

십 분 거리에 있는 교회로 차를 몰았다. 118번 고속도로는 새벽 세 시 반인데도 대낮처럼 차가 많았다. 소방차 십여 대가 요란한 사이렌 소리를 내며 새벽공기를 가르며 달렸다. 그 뒤를 경찰차가 수도 없이 불을 번쩍번쩍거리며 줄을 지어 발보아 큰길을 지나 북쪽으로 달리고 있었다.

마치 전쟁이라도 난 것처럼 삼엄하고, 네거리마다 야광 조끼를 입은 경찰들이 바리게이트로 길을 막고 휘파람을 휙휙 불며 팔을 휘두르고 있었다.

교회 주차장으로 들어갔더니 이미 많은 차들이 주차장을 메웠다. 교회 본당, 카페에 잠에서 깬 어린아이들이 엄마 무릎에 아빠 팔에 안겨있는 모습이 갑자기 웬 피난민? 전쟁이 터진 것 같은 풍경이었다.

아! 교회란 이런 곳, 이렇게 좋은 대피소가 될 줄을……. 안심이 되고 서로가 뉴스를 나누고 있으니 걱정이 감해졌다. 딸도 교회에 있다 하니 안심이 되는지 그 후로는 전화가 안 왔다.

아침에 도넛, 커피, 바나나를 먹으며 무리무리 앉아서 이야기를 하는 중에도 뉴스에서 자기네 집 길 이름이 나오면 간을 태웠다. 아이고! 저 집이 우리 집 건넛집이라며 금세 얼굴이 초주검이 돼 안절부절못했다.

한쪽 테이블에서는 모두 뭘 가지고 나왔냐고 물었다. 다른 사람들은 무엇들을 가지고 나왔는지 몹시 궁금했다.

평생 몸무게가 백 파운드도 안 되는 나의 친구는 갑자기 나오려니 아무런 생각이 나지 않더니 아! 밥솥! 그 무거운 전기밥솥을 낑낑대며 차에 싣고 나니 쌀 생각이 나서 또 그것도 실었다는 거다.

“밥이라고 두어 숟갈밖에 못 먹는 사람이…… 그 무거운 밥솥이라니!”

우려 중에도 모두가 배를 붙잡고 웃었다. 그리고 재미 삼아 또 뭘 넣었냐고 물었다.

“신발 사이즈가 ‘5’밖에 안 돼서, 사려면 너무 애를 먹거든. 이민 가방 있지? 생전 안 쓰던 게 왜 갑자기 생각이 나냐고! 그 이민 가방에다 부츠, 구두, 샌들, 운동화를 있는 대로 가득 채워 남편보고 끌어다 차에 실으라 했지!"

우리는 모두 또 한바탕 뒤집어졌다.

옆의 친구는 생전 화장 안 한 얼굴로 외출을 해본 적이 없어 일단 화장품 케이스만 들고 나왔다고 해서, 우리는 자기가 무슨 영화배우냐며 또 한바탕 배꼽을 잡고 웃었다.

우리의 이야기를 듣고만 있던 젊은 집사가 자기는 벽에 붙어 있는 그림들만 다 떼어서 차에 실었다 했다. 옷이나 다른 것들은 다 새로 살 수 있지만, 아이들이 어렸을 때 그린 그림은 다시 그릴 수가 없는 것이니 그것만 갖고 나왔단다. 그러면서 이번에 화재 진압을 보고 소방대원들의 노고에 너무 감동을 받아 양말을 도네이션 해야겠다며 의미심장한 말을 했다. 지혜로운 그 집사님의 얼굴이 달리 보였다.

노년에 접어든 나에게는 무엇이 가장 중요할까? 아직도 정리하지 못하고 세상 욕심에서 벗어나지 못하고 있는 나 자신을 본다. 이번 화재가 주는 교훈을 곱씹어 봐야겠다.

문득 지난주 목사님의 설교가 귀에 들어왔다.

"좁은 길을 가려면 첫째는 짐을 가볍게 해야만 갈 수 있지 않겠습니까?"

단평(短評)

그 따뜻한 연륜의 향기

-장소현(시인, 극작가)

소설가 윤금숙 선생의 수필은 농익은 연륜의 향기로 가득합니다. 잘 익은 과일 향기처럼 은은하고 진하지요.

'수필은 손으로 쓰는 것이 아니라 가슴으로 쓰는 글'이라는 말처럼, 글재간이 아니라 삶의 깊은 호흡으로 끌어올린 아름다운 '인생 풍경'이라서 사람 냄새도 생생하게 배어 있습니다. 잔재주에 묶이지 않고 인생 경험을 녹여낸 진국의 글들이니 울림이 묵직하지요. 역시 나이테의 촘촘함이나 연륜의 무게는 소중하다는 생각이 절로 듭니다.

1996년 수필로 등단한 이래 꾸준히 수필을 써왔지만, 24년이나 지난 이제야 첫 수필집을 펴내는 진득한 기다림도 연륜의 향기를 더해줍니다.

사람 풍경의 핵심은 물론 사랑이지요. 구체적으로는 기독교의 사랑입니다. 책 제목이 말하듯 '따스한 손길'로 사람들을 감싸는 넉넉한 사랑의 눈길로 주위의 다양한 사람들, 가족들의 사연을 소중하게 보듬어 안습니다. 마치 기도하는 마음으로 간절하게….

윤금숙 선생의 수필은 소설가가 쓴 글답게 든든한 이야기의 줄기가 들어 있고, 입체적인 것이 특징입니다. 짧은 소설이라고 해도 될 '삶의 글'들이어서 공감대가 넓고, 감동이 진하지요.

무엇보다도 사람과 사람 사이의 관계를 소중하게 여기는 긍정적 에너지가 글 구석구석에 진하게 배어 있어서, 읽는 사람들의 마음을 따스하게 어루만져 주는 것도 큰 미덕이지요.

아무쪼록 지은이가 바라는 대로, 이 책에 실린 글들이 '따뜻한 손길'이 되어 세상을 아름답고 건강하게 만드는데 조금이라도 보탬이 되기를 바랍니다.